Christoph Dohmen

Von Weihnachten keine Spur?

*Adventliche Entdeckungen
im Alten Testament*

2., erweiterte Auflage

Herder
Freiburg · Basel · Wien

Meinem Vater
Josef Dohmen
gewidmet

Inhalt

Vorwort
5

Spurensuche
7

Der Anfang liegt vor Weihnachten
12

Angesprochen und beansprucht
26

Ein Geschenk des Himmels
40

Wenn Hirten zu Propheten werden
45

Du sollst Dir keine Krippe machen!
58

Josef, was träumst du?
70

Eine neue Zeit beginnt
80

Damit sich erfüllt
90

Mitten unter uns
98

Yad VaSchem
108

Du, Bethlehem ...
117

Der Spur gefolgt
123

Vorwort zur erweiterten Neuausgabe

Zumeist betrachten Christen das Alte Testament als Vorgeschichte, Vorbereitung oder eben Verheißung zum Neuen Testament mit seiner Christusverkündigung. Dies gilt ganz besonders in der Adventszeit, in der gerade die christliche Liturgie vielfach und vielfältig den Blick von der Verheißung auf die Erfüllung richtet. Es war deshalb ein gewagtes Unterfangen, als ich 1996 zum Weihnachtsfest Gedanken vorlegte, die gerade in umgekehrte Richtung gewendet waren, nämlich auf das Alte Testament, um für Christen nach dem zu suchen, was zum Verstehen der Weihnachtsbotschaft aus dem Alten Testament, der Bibel Israels, notwendig und wichtig sei. Der Zuspruch war überraschend groß, und zahllose Reaktionen in Gesprächen, Briefen und Besprechungen des Buches bestätigten mir, daß nicht wenige sich gerne auf diese Suche eingelassen hatten. Dieses große und tiefgehende Interesse hat mich ermuntert, das Buch für eine Neuauflage zu bearbeiten. Das, was nun gegenüber der ersten Ausgabe hinzugekommen ist, geht letztendlich auf die vielen Leserinnen und Leser, bzw. Hörerinnen und Hörer zurück, die mich mit ihren Anregungen und Fragen selbst weitergebracht haben. Stellvertretend für die vielen möchte ich einige dankend erwähnen, die sozusagen hinter dem hier Vorgelegten stehen: Zuallererst ist Paul Deselaers, Münster, zu erwähnen, dessen »biblische Spiritualität« die Gedanken zu diesem Buch von Anfang an bis heute begleitet hat, was Leserinnen und Lesern, die ihn oder sein Werk kennen, nicht entgangen sein bzw. entgehen wird; dann ist Nikolaus Loeb-Ullmann,

Berlin, zu nennen, der mir reiches Material zum Fest der Beschneidung Jesu bereitwillig zur Verfügung stellte; Hans-Hermann Henrix, Aachen, hat bei einer eigenen vorweihnachtlichen Akademietagung interessante Konsequenzen aus dem hier Vorgelegten aufgezeigt; Hinweise aus dem reichen Schatz monastischen Betens und Meditierens erhielt ich von Benediktinerinnen der Abtei von Herstelle und Benediktinern von der Dormitio-Abtei auf dem Zionsberg in Jerusalem; last but not least ist Hubert Frankemölle, Paderborn, zu nennen, dessen jetzt vollständig vorliegender Kommentar zum Matthäusevangelium mich in einzigartiger Weise »angestachelt« (stimuliert) hat.

Abgesehen von einigen Zusätzen und Ergänzungen sind durch das Beschriebene drei neue kleine Kapitel hinzugekommen: »Ein Geschenk des Himmels«, »Damit sich erfüllt« und »Der Spur gefolgt«.

Fortbesteht auch weiterhin der Dank an Dr. Peter Suchla vom Herder-Verlag und meine Osnabrücker Mitarbeiterinnen Erika Henze und Ricarda Hovermann, die alle in bewährter Weise dem Werk auf den Weg geholfen haben.

Osnabrück, am 25. März,
neun Monate vor dem Weihnachtsfest 1998,

CHRISTOPH DOHMEN

Spurensuche

Eine Einleitung

Advent heißt Ankunft. Doch wer oder was kommt denn an? Und wann oder wo? Die Antwort scheint so einfach: Ankunft Christi natürlich an Weihnachten. Aber ist Advent dann nicht mit Weihnachten gleichzusetzen? In der Liturgie der Kirche gilt die Zeit der vier Sonntage vor Weihnachten als Advent, gefolgt, aber deutlich getrennt, von der dann beginnenden Weihnachtszeit. Im profanen Leben haben sich diese Unterschiede langsam verwischt. Wir ziehen nicht nur sprachlich die Advents- und Weihnachtszeit in einem Begriff zusammen, sondern vielerorts schmücken Weihnachtsbäume Vorgärten und Geschäfte schon den ganzen Dezember über.

Die frühe Kirche hat mit dem Advent zuerst den Gedanken der Wiederkunft Christi nach seiner Geburt, seinem Tod, seiner Auferstehung und Himmelfahrt verbunden. Der Advent war also eine Zeit, die dem Satz des christlichen Credos » ..., *von dort wird er kommen, zu richten die Lebenden und die Toten*« gewidmet war. Folgerichtig schloß der so verstandene Advent früher das Kirchenjahr ab. Mit dem Gedenken der ersten Ankunft Christi durch seine Geburt begann dann das neue Kirchenjahr. Die gedankliche und zeitliche Nähe im liturgischen Jahr zwischen der erwarteten Wiederkunft Christi und der Erinnerung seiner Geburt haben dazu geführt, daß die Adventszeit zur Vorbereitungszeit auf Weihnachten wurde und damit dann auch das Kirchenjahr eröffnete.

Abschluß oder Anfang des Kirchenjahres zeigen, daß der Advent ein Wendepunkt ist. Solche Wendepunkte bringen es mit sich, daß man zurückschaut, um klarer zu sehen, wo man steht und wie es in der Zukunft weitergeht. So ist auch die Adventszeit in der Kirche immer schon die Zeit gewesen, in der man alttestamentliche Texte mit besonderer Zukunftsperspektive – vornehmlich aus der Prophetie Israels – intensiv betrachtete. So ist die Adventszeit auch die Zeit, in der den Christen durch die Liturgie am deutlichsten vor Augen steht, daß sie *eine* Heilige Schrift in *zwei* Teilen haben, *eine* Bibel aus Altem und Neuem Testament.

Diese zweigeteilte Einheit des einen Buches mit ihrer Besonderheit, daß der erste und größte Teil zuvor schon und auch weiterhin Heilige Schrift einer anderen Religion, nämlich des Judentums, war und ist, hat das Christentum immer wieder vor die schwierige Frage nach dem Verständnis seiner eigenen Heiligen Schrift gestellt. Allzu oft ist dabei die anscheinend leichtere Lösung gesucht worden, nämlich die, so zu tun, als gäbe es das Alte Testament nicht. Man sah das Entscheidende und Wichtige, das Christliche eben, im Neuen Testament ausgedrückt, während demgegenüber das Alte oft als veraltet, überholt und unbedeutend betrachtet wurde. Fragt man Christen danach, warum wir denn überhaupt dieses Alte Testament dann noch brauchen, erhält man oft als Antwort genau das, was die liturgische Textauswahl für die Adventszeit vorgibt: Es sind Texte, die den Messias ankündigen und von seinem Kommen prophetisch künden.

Aber das Alte Testament enthält ja wesentlich mehr, so daß wir uns als Christen fragen müssen, warum wir keine Advents- oder Weihnachtsbibel haben, also eine Auswahlbibel, die nur alle messianischen Hoffnungen und Verheißungen Israels versammelt, sondern eine Voll-Bibel, die das ganze Alte Textement enthält. Welchen Grund hatte das frühe Christentum aber, diese gesamte Bibel Israels als Heilige Schrift beizubehalten und wie hat man sie verstanden?

Das vorliegende Büchlein stellt sich dieser Grundfrage, die die Ur-Kunde unseres Glaubens betrifft. Es will eine kleine Entdeckungsreise sein, die in zwölf Kapiteln, die je für sich gelesen werden können, auf Spurensuche ins Alte Testament geht.

Im Advent und an Weihnachten finden sich in den Texten der Liturgie aber auch der christlichen Tradition und Frömmigkeit deutliche Spuren des Alten Testamentes. Um sie in ihrem Sinn zu verstehen und zu entdecken, welche Glaubensüberzeugungen diese Spuren hinterlassen haben und wohin sie führen, muß man die Fährten weihnachtlichen Geistes zu ihrem Ursprung hin zurückverfolgen. Die Beiträge des vorliegenden Buches setzen bei den verschiedensten Bildern, Gedanken und Texten der Advents- und Weihnachtszeit ein und gehen von dort her den Spuren, die oft schon verweht und verwischt sind, ins Alte Testament hinein nach. So kommt es dann zu *adventlichen* Entdeckungen.

Adventlich heißt *ankommend*. Doch wo kommen wir bei dieser Spurensuche an? Wir kommen dort an, wo wir herkommen, am Ursprung unseres Christseins, der lange vor Weihnachten liegt! Und vielleicht entdecken wir auf dem Weg nicht nur den Reichtum des Alten Testamentes, sondern auch, daß dieser Ursprung gleichzeitig mit unserem Ziel als Christen zu tun hat, mit dem oben erwähnten »zweiten Advent«. Unsere eigene Identität, die gestellt ist zwischen Geburt Christi und seiner Wiederkunft, können wir nur von der ganzen Ur-Kunde unseres Glaubens her finden.

Wer der Einladung dieses Buches zur Entdeckungsreise ins Alte Testament folgt, begegnet einem markanten Gegensatz: Texten aus dem Neuen Testament, die so bekannt sind, daß ihre spezifischen Aussagen und Details allzu schnell überlesen werden, auf der einen Seite und auf der anderen Seite unbekannten, ja eigentümlich wirkenden alttestamentlichen Texten, die ganz fremd sind und auf den ersten Blick unverständlich oder unzugänglich wirken. Um den Leserinnen und Lesern des vorliegenden Buches einen Zugang zu beidem zu eröffnen, sind im folgenden alle Bibeltexte neu übersetzt worden, und zwar in einer sehr wörtlichen, somit oft sperrigen und nicht ästhetisch unmittelbar eingängigen Form. Dadurch sollen die allzu bekannten Schriftstellen neu bewußt gemacht und manche Mißverständnisse bei den weniger bekannten oder fremden durch die stärkere Rückbindung an den Originaltext verhindert werden. Darüber hinaus wäre es ein glücklicher – und bewußt beabsichtigter – Nebeneffekt, wenn diese Übersetzungen die Leser zur Bibel selbst zurückführen würden, weil sie die Leser provozieren zu prüfen, was denn da steht, bzw. wo es steht, d.h. in welchem größeren Zusammenhang dies oder jenes begegnet. Dies kann auch und gerade über einen Übersetzungsvergleich mit der eigenen Bibelübersetzung gelingen. Wenn aus Lesern dieses Buches Bibelleser werden, die die aufgezeigten Spuren weiterverfolgen, um mehr zu entdecken, dann sind der Sinn und die Absicht, die der Autor mit diesem kleinen Band verknüpft, erfüllt.

Hinzuweisen ist schließlich noch darauf, daß in den alttestamentlichen Texten der Gottesname (JHWH), dessen Aussprache nicht überliefert ist, weil er im hebräischen Text nur in Konsonanten steht, immer durch HERR wiedergegeben ist. Dies geschieht in Anlehnung an jüdische und christliche Praxis, die auf die frühe Übersetzung durch das griechische *kyrios* zurückgeht. Dieses griechische *kyrios* bezeichnet den Besitzer oder Herrn, also denjenigen, der über eine andere Person oder Sache entscheidet. Die geschlechtsspezifische Assoziation, die sich im Deutschen einstellt und den Gegensatz *Herr – Dame* provoziert, ist damit nicht gemeint. Bei der nachfolgenden Verbindung von alt- und neutestamentlichen Texten ist eine so gewählte Übersetzung zudem nötig, um assoziative Verbindungen mithören zu können, die der griechische Text beispielsweise durch das Wort *kyrios* zur Gottesnamenübersetzung in alttestamentlichen Texten setzt.

Der Titel »Von Weihnachten keine Spur?« hat bewußt ein Fragezeichen. Vielleicht gibt es ja doch eine Spur von Weihnachten gerade dort im Alten Testament, wo wir es nicht erwarten. Und dann mag es wahrhaftig zu adventlichen Entdeckungen kommen, weil wir nicht nur im Alten Testament ankommen, sondern bei uns selbst und bei einem neuen Weihnachten. Einem Weihnachten, das uns in einem neuen Licht, dem des Alten Testamentes, klarer und deutlicher erscheint.

Der Anfang liegt vor Weihnachten

Daß das Neue Testament kein eigenständiges Buch ist, das wird auf seiner ersten Seite schon recht deutlich, obgleich »Buch« sein erstes Wort ist. Wenn es nämlich auch in vielen deutschen Übersetzungen in Mt 1,1 heißt: »Stammbaum Jesu Christi«, so steht da doch wörtlich zu Beginn des Matthäusevangeliums: »Buch der Geschichte Jesu Christi, des Sohnes Davids, des Sohnes Abrahams.« Daß dieser erste Satz noch nicht zur nachfolgenden Genealogie gehört – und deshalb mit Stammbaum oder Abstammungsurkunde oder ähnlichem zu übersetzen wäre –, zeigt sich schon an den beiden *Titeln* »des Sohnes Davids, des Sohnes Abrahams«, die zu Jesus Christus hinzugesetzt werden und nicht in die Abfolge der mit Abraham in Mt 1,2 beginnenden Genealogie passen. Bei dem zitierten Satz handelt es sich wohl am ehesten um die Überschrift zum gesamten Matthäusevangelium, die, wie in der antiken Literatur üblich, noch nicht nach unserem Muster deutlich sichtbar vom eigentlichen Text abgesetzt wurde. Wenn nun Matthäus dieses sein Werk in der Überschrift »Buch der Geschichte Jesu Christi« nennt, dann benutzt er diesen Begriff noch nicht in dem Sinne, wie wir ihn gebrauchen, nämlich für ein zwischen zwei Buchdeckeln fest zusammengebundenes und deutlich abgegrenztes Schriftwerk.

Israel und die Völker

Vielmehr setzt Matthäus für seine schriftkundigen Leser mit dieser Überschrift ein Hinweisschild zum Verstehen. Die nämlich denken bei dieser Formulierung sogleich an die Eröffnung der Menschheitsgeschichte in Gen 5,1, die sich in ihrer Überschrift auch als *Buch* ausgibt, aber dennoch nie ein Buch im modernen technischen Sinne eröffnete. Matthäus hat diese Verbindung zur Anfang der Menschheitsgeschichte wohl bewußt gewählt, weil sein Evangelium in der Geschichte dieses Jesus Christus Gottes Hinwendung zur gesamten Menschheit, zu allen Völkern, darlegt.

Mit den beiden *Titeln*, die der Evangelist sodann hinzusetzt, unterstreicht er diese Perspektive seines Evangeliums noch einmal: Abraham gilt später als Stammvater nicht nur der Israeliten, sondern vieler Völker, und König David wird zum Inbegriff der Erwählung Israels. In der Überschrift seines Evangeliums läßt Matthäus so schon erkennen, daß es ihm um die Frage geht, welche Bedeutung dieser Jesus für die Teilhabe aller Völker am Erwählungs- und Bundesverhältnis Israels zu seinem Gott hat.

Geschichte, die vor uns liegt

Haben wir diese Überschrift des Matthäusevangeliums erst einmal in ihrer Tragweite erfaßt, dann erscheint auch die nachfolgende Genealogie, die das Evangelium eröffnet, in einem neuen Licht. Sie ist es auch, die uns gleich zu Beginn dieses Evangeliums – und damit auch des ganzen Neuen Testaments – erkennen läßt, daß hier eben kein *selbständiges* Buch vorliegt. Von einem eigenständigen Buch, wie auch schon von jeder Geschichte, darf man nämlich erwarten, daß zu Beginn die handelnden Personen vorgestellt werden. Das Matthäusevangelium beginnt durch seine Genealogie aber genau umgekehrt, es setzt uns im wahrsten Sinne des Wortes eine Kette von 44 Namen, 40 Männer und 4 Frauen, vor, von denen her wir als Leser die Hauptperson der nachfolgenden Geschichte, diesen Jesus Christus, einordnen und verstehen können sollen. Die mit Abraham beginnende Kette stellt zweifellos einen Durchgang durch die Geschichte Israels dar, die der Evangelist als Vorgeschichte seiner Jesusgeschichte ausweist. Das will sagen, hier fängt keine absolut *neue* Geschichte, erst recht kein *neues* Buch an, sondern hier setzt sich etwas fort, geht etwas weiter, das lange vorher schon begonnen hat, oder anders herum gesagt, das, was hier beginnt, ist nicht voraussetzungslos. Verständlich ist es nur unter der im wörtlichen Sinne Voraus-Setzung der Geschichte Israels, wie sie aus der Bibel Israels, dem späteren Alten Testament, bekannt ist. Unter dieser Voraussetzung der Geschichte Israels deutet Matthäus seine Jesus-Geschichte, die er unter das Vorzeichen der Exodus-Theologie stellt. Es gelingt ihm durch einen fast verborgenen Hinweis, der nur dem bibelkundigen Leser bewußt wird. Zum Abschluß der Genealogie faßt Mt 1,17 zusammen, daß es dreimal vierzehn Generationen, von Abraham bis David, von David bis zum babylonischen Exil und vom Exil bis zu Christus seien. Versucht man, diese dreimal vierzehn Generationen an den vorausgehenden Namen abzuzählen, so ergeben sich Schwierigkeiten, die deutlich machen, daß Matthäus hier nicht eine mathematische Addition an den Schluß stellt, sondern auf etwas anderes verweisen will. Weder die Zahl 14, noch die sich daraus ergebende Zahl 42 ist in der Bibel Israels von besonderer Bedeutung. Und doch steckt in der Zahl ein Hinweis, den kein geringerer als der berühmte Kirchenlehrer Origenes im dritten Jahrhundert schon entdeckt hat - wenn es ihm auch nicht um eine Deutung der Angabe des Matthäus ging. Origenes entdeckt nämlich die 42 in einem überaus interessanten Summarium in Num 33. Dort sind die Stationen der Wüstenwanderung Israels der Reihe nach aufgezählt. Zählt man die lange Liste der Ortsangaben durch, die Num 33,5-49 zwischen Ägypten und dem Gelobten Land nennt, dann ergeben sich exakt 42 Stationen. Will Matthäus den Lesern seines Evangeliums hiermit nicht einen kleinen Hinweis geben, die in seiner Genealogie festgehaltene Geschichte Israels vom Exodus her, und daß heißt auch und gerade vom Befreiergott her, zu deuten, und zwar in einer Perspektive, die mit der Geburt Jesu im übertragenen Sinne das Land der Verheißung erreicht sein läßt? Es lohnt zumindest, das Nachfolgende im Evangelium von hierher einmal zu lesen, und die kurz darauf schon folgende Erzählung Mt 2,13-17 von der Flucht nach Ägypten konzentriert sich ja auch ganz und gar darauf, die Geschichte Jesu von Israels Exoduserfahrung her zu deuten, was das abschließende Zitat aus Hos 11 »Aus Ägypten habe ich meinen Sohn gerufen« unterstreicht. Wenn Matthäus aber schon mit der kleinen Schlußnotiz zu seiner Genealogie den Blick so tief ins Alte Testament lenkt, dann gilt es, auch die Genealogie selbst genauer zu betrachten.

Anfang oder Ende

Was soll das eigentlich für eine Genealogie, eine Abstammung, sein, die Matthäus uns hier vorlegt? Ist es der Stammbaum Abrahams oder der Stammbaum Jesu?

Genealogien lassen sich immer in zwei Richtungen verfolgen. Man kann die vielen verästelten Nachfahren einer großen Persönlichkeit in einen Stammbaum eintragen, an dessen Wurzeln jene Person den Ausgangspunkt bildet. Man kann aber auch die vielen Vorfahren eines Menschen in ein genealogisches Gerüst hineinbringen, um zu zeigen, wer alles im übertragenen Sinne in diesen Menschen eingegangen ist. Weist die erstgenannte Art auf die Vielzahl der Nachkommen, so die zweite auf die Vielzahl der Vorfahren. Der sogenannte Stammbaum Jesu zu Beginn des Matthäusevangeliums tut weder das eine noch das andere in Reinform, sondern kombiniert sozusagen beide genealogischen Ansätze. Er beginnt mit einer einzelnen Person und endet mit einer einzelnen Person. Dazwischen findet sich eine einzige lineare Kette von Nach- bzw. Vorfahren. Dieses Vorgehen, das bei einer Einzelperson einsetzt und wieder bei einer Einzelperson auskommt, führt dazu, daß aus der Fülle und Breite einer Genealogie eine einzige Linie herausgenommen wird.

Doch was will ein solcher *Stammbaum*? Will er nur nachweisen, daß dieser Jesus ein wirklicher Nachfahre Abrahams ist? Oder will er Abraham ehren, indem er diesen Jesus als seinen größten Nachfahren herausstellt? Beide Möglichkeiten weist der Evangelist deutlich zurück und macht uns als seinen Lesern schnell klar, daß es nicht um eine biologische Abstammung, also eine Genealogie im menschlichen Sinne geht; denn dieser *Stammbaum* endet mit Josef, der aber nach Matthäus nicht als Vater Jesu ausgewiesen wird, sondern als »Mann Marias, von welcher Jesus geboren wurde, der Christus genannt wird« (Mt 1,16). Der daraufhin in Mt 1,18-25 folgende Bericht von der Jungfrauengeburt läßt gar keinen Zweifel mehr daran, daß die vorangestellte Genealogie im biologischen Sinne für diesen

Jesus völlig uninteressant ist. Es handelt sich also nicht um einen biologischen Stammbaum Jesu, sondern einen geistigen für uns Christen als Leser des Evangeliums. Wir sollen von Anfang an wissen, wo unsere Wurzeln und Ursprünge als Christen liegen und nicht, woher dieser Jesus kommt.

Namen erinnern

Zugegebenermaßen haben wir als moderne Menschen unsere Schwierigkeiten mit dieser Art. Nicht nur, daß Genealogien, Stammbäume und Abstammungsnachweise bei uns in Deutschland seit den Tagen der Naziherrschaft im sogenannten Dritten Reich einen sehr üblen Beigeschmack haben, sondern es fällt uns einfach schwer, hinter der Aneinanderreihung von Namen schon eine Geschichte zu entdecken. Dabei sind es wie im vorliegenden Fall der Genealogie bei Matthäus nicht nur die mangelnden Bibelkenntnisse, die uns versagen, die Geschichte dieser oder jener Person mit ihrem Namen unmittelbar zu verbinden, nein, der Erzählansatz an sich ist uns fern. Geschichtsüberlieferungen machen wir gerne an Daten fest. Wir haben gelernt, nicht nur die großen Epochen der Weltgeschichte in Jahrhunderte vor und nach Christus einzuordnen, sondern Geschichte als ein Gerüst von Einzeldaten wahrzunehmen: Da sind die Kaiserkrönung Karls des Großen in Rom, die Kreuzzüge, die Entdeckung Amerikas durch Christoph Kolumbus, Luthers Thesen, der Westfälische Friede, die Französische Revolution, der Wiener Kongreß, der Erste Weltkrieg und vieles mehr. Ganz anders orientieren sich demgegenüber Geschichtsüberlieferungen, die von Jahreszahlen unabhängig tradiert werden. Hier bildet das genealogische Gerüst zwischen den Generationen den Anknüpfungspunkt. Die Abfolge der Zeit, den Geschichtsverlauf, erhält man durch die aufeinanderfolgenden Generationen nach dem Muster A zeugte B, auf B folgte C usw.. Weitergehende Überlieferungen und Erzählungen kann man nun an der entsprechenden Stelle in dieses Gerüst einfügen, so daß nach einiger Zeit größere Erzählüberlieferungen vorliegen, die anscheinend nur noch durch kleinere genealogische Stücke unterbrochen werden. Später läßt sich ein so gewachsenes und umfangreich gewordenes Überlieferungswerk dann auch wieder auf genealogische Eckdaten reduzieren und konzentrieren, so daß all' die vielen Erzählungen, die sich um eine Person herum ranken oder auch diese als Anknüpfungspunkt gewählt haben, kurz und knapp mit dieser Person verbunden werden können.

Nichts anderes macht der Evangelist Matthäus, wenn er uns die Geschichte von Abraham bis Josef – Jesus als genealogische Namenskette vorlegt. Dafür hat er nicht nur ihm schon vorliegende genealogische Materialien, auf die er zurückgreifen kann, sondern es gibt biblische Vorbilder, an die er seine Leser ganz bewußt durch diese genealogische Vorgeschichte erinnern will.

Der bibelkundige Leser des Matthäusevangeliums wird zweifellos bei dieser *Vorgeschichte* durch das genealogische Gerüst sofort an die Chronikbücher des Alten Testaments erinnert. Dieser Geschichtsaufriß der Chronik stellt eine Art Zusammenfassung und Abschluß der Hebräischen Bibel dar, in der die Chronik auch am Ende aller Bücher steht und nicht wie in der Christlichen Bibel zwischen den übrigen Geschichtsbüchern. Diese Überlieferung der Chronik beginnt nun mit einer über viele Seiten gehenden Genealogie. Um zu verstehen, worauf Matthäus mit seiner genealogischen Eröffnung anspielt, müßte man eigentlich einmal die ersten zehn Kapitel des ersten

Chronikbuches lesen und sich in ihre Besonderheit vertiefen. Ein kleines Beispiel aus diesen *Namensketten* mag den zugegebenermaßen nicht leichten Zugang zu diesen Listen ein wenig eröffnen.

»*Dies sind die Söhne Israels: Ruben, Simeon, Levi, Juda, Issachar, Sebulon, Dan, Josef, Benjamin, Naftali, Gad und Ascher. Die Söhne Judas: Er und Onan und Schela, drei, ihm geboren von der Tochter Schuas, der Kanaaniterin. Er, der Erstgeborene Judas, war böse in den Augen des HERRN, so daß er ihn sterben ließ. Und Tamar, seine Schwiegertochter, gebar ihm Perez und Serach. Insgesamt hatte Juda fünf Söhne. Die Söhne des Perez waren Hezron und Hamul und die Söhne Serachs: Simri, Etan, Heman, Kalkol und Darda, zusammen fünf. Und die Söhne Karmis: Achan, der Israel Unglück brachte, da er sich am Banngut vergriff. Die Söhne Etans: Asarja*« (1 Chr 2,1-8)

Der vorliegende Abschnitt aus der großen Genealogie der Chronik zeigt gleich zu Anfang einige Besonderheiten. So ist der Stamm Juda herausgenommen und an den Anfang gestellt, obwohl er in der Reihenfolge erst an vierter Stelle kommt (1 Chr 2,1). Fragt man als Leser danach, was in diesen wenigen Versen genau zusammengefaßt ist, so stellt man schnell fest, daß hier unterschiedliche Erzählzusammenhänge aus den sogenannten Patriarchenüberlieferungen des Buches Genesis zusammengestellt sind. Ein deutlicher Akzent wird schon dadurch gesetzt, daß die Reihenfolge der Söhne Judas sodann unterbrochen wird. Nach dem Hinweis auf den Tod von Er folgen sogleich die von Tamar, der Schwiegertochter geborenen Söhne Perez und Serach vor bzw. anstelle von Onan und Schela, was nur dem verständlich wird, der die entsprechende Geschichte von Tamar aus Gen 38 kennt. Hier wie in der gesamten *genealogischen Vorgeschichte* werden bibelkundige Leser vorausgesetzt, die nicht nur all' die hier fast nur durch Namen eingebrachten Geschichten kennen, sondern besonders aufmerksam Sinn und Ziel der spezifischen genealogischen Strukturen, Auswahlen und Anordnungen wahrnehmen.

Wer sind wir?

Tut man dies einmal, erschließen sich die Listen von Namen um Namen als theologisch reiche Programmschrift. Die Überlieferung der Chronik umspannt insgesamt einen Erzählbogen vom Anfang der Menschheitsgeschichte bis hin zum Neuanfang des Volkes Israel nach dem Babylonischen Exil. Die genealogische »Vorhalle« der Chronik, wie man diese Kapitel gerne nennt, stellt nicht nur im Zeitraffer große Epochen der Geschichte zusammen, sondern bringt die Geschichte theologisch schon auf den Punkt des Interesses indem alle Angaben auf das Zentrum einer Erwählungstheologie konzentriert werden. Israel wird hier dargestellt als Mitte unter den Völkern, unter den Stämmen Israels wird wiederum als Mitte David und seine Dynastie vorgestellt, die Stämme werden mit ihren Gebieten schließlich so charakterisiert, daß Jerusalem dann als Mitte von dieser Perspektive her erscheint und inmitten Jerusalems steht der Tempel schließlich als erwählter Wohnort Gottes mit dem eigens erwähnten Kultpersonal. Hier geht es um Selbstfindung, Selbstverständnis, ja, Identität Israels. Wer und was Israel als Volk Gottes, als auserwähltes Volk, ist, und wie der sich versteht, der in dieses Volk hineingeboren wird, darauf geben die langen genealogischen Listen der Chronik eine Antwort.

Diese Selbstfindung Israels als Gottesvolk, die für den Neuanfang des Volkes nach dem Exil so wichtig war, bildet die

Grundlage für das Gesamtverständnis des Matthäusevangeliums – und durch seine Anfangsstellung im Neuen Testament für dieses im ganzen.

Die Geschichte Jesu Christi und damit die Geschichte des Christentums beginnt nicht mit Weihnachten, sondern ist Teil der Erwählungsgeschichte Israels und beginnt deshalb literarisch – oder vielleicht besser buchtechnisch – gesprochen mit der Bibel Israels, dem späteren Alten Testament. Gerade die literarische Form der Genealogie, die Matthäus wählt, um seinen Lesern vor Augen zu führen, wo ihr eigener Ursprung, ihre Identität, herkommt und zu finden ist, macht darüber hinaus deutlich, daß Matthäus schriftkundige Leser voraussetzt. Fast wie eine kleine Prüfung in Bibelkunde wirkt die Genealogie auf uns Leser, so als wolle sie uns ermahnen: Erinnert euch an all' das, denn das müßt ihr kennen, um alles weitere von dieser Geschichte Jesu Christi, die nun erzählt wird, zu verstehen.

Die Wurzel des Unerwarteten

Einen besonderen Aspekt, den Matthäus herausheben will, macht er dadurch deutlich, daß er seine genealogische Vorgeschichte nicht nur in gleiche Teile von drei mal vierzehn Generationen strukturiert (Mt 1,17), sondern durch vier Frauen, die er in der Reihe der 40 Männer erwähnt. Tamar, Rahab, Rut und Batseba, die er allerdings lediglich »Frau des Urija« nennt, deuten sein Ziel an. Die Namen dieser Frauen sind wie Ausrufezeichen innerhalb der genealogischen Folge, um uns Lesern deutlich zu machen, daß hier nicht nur Namen aneinandergereiht sind, sondern Geschichten dahinterstehen, die voller Leben sind. Tamar, die Schwiegertochter des Juda, der Juda seinen

Sohn verweigerte und die sich durch eine List als verkleidete Dirne zur Frau ihres Schwiegervaters machte und so in die Genealogie geradezu quer einstieg. Rahab, die Dirne von Jericho, die den Kundschaftern Israels Schutz gewährte und aus Dank bei der Eroberung der Stadt mit ihrer Familie verschont blieb und in das Volk aufgenommen wurde (Jos 2; 6). Rut, die Moabiterin, die ihre verwitwete und enkellose Schwiegermutter Noomi nicht alleinlassen wollte, sondern mit ihr nach Betlehem ging, um dann das Fortleben ihrer Familie zu sichern (Rut 4). Und schließlich Batseba, die Frau des Urija, die König David begehrte und schließlich – nachdem er ihren Ehemann Urija beseitigt hatte – heiratete und die dann zur Mutter König Salomos wurde (2 Sam 11-12). Schon so kurz nacherzählt wirken die Geschichten dieser Frauen alle etwas eigenwillig, vielleicht sogar für eine ehrenvolle Genealogie makelhaft, weil sie doch so gar nichts von frommen und vorbildlichen Geschichten aufzuweisen scheinen.

Was will also Matthäus mit diesen vier Frauen deutlich machen? Sollen sie als Sünderinnen der Mutter Jesu, Maria, entgegengestellt werden, damit diese in noch klarerem Licht erscheint? Oder soll gezeigt werden, daß oft auch Fremde, Nichtisraelitinnen, durch ihren Mut, Glauben und ihre Kraft das Überleben des Gottesvolkes gesichert haben? In diesem Sinne lobt beispielsweise Hebr 11,31 den Glauben der Rahab und Jak 2,25 ihr mutiges Tun.

Oder will uns Matthäus nicht doch gerade innerhalb der so knapp zusammengefaßten Geschichte Israels darauf verweisen, daß Gottes Wege, sein Heilsplan, für uns Menschen doch letztendlich undurchsichtig bleiben? Wir müssen wohl einsehen, daß Gott sich oft der Dinge bedient, die uns Menschen abwegig, ja, sogar sündig, erscheinen. Die Frauen dieser matthäischen Vorgeschichte stören geradezu die gradlinige Genealogie der Männer. Gottes Geschichte wird nicht in der menschlich erwarteten Weise von den so oft gesellschaftlich tonangebenden und geschichtemachenden Männern geschrieben. Das Bild des Stammbaumes steht auch für Ordnung und Klarheit. Der Baum mag sich vielfach verästeln und weit in die Höhe wachsen, aber es bleiben immer die gleichen Linien von der Wurzel bis in die letzten Äste, die den Baum am Leben erhalten. Gottes Geschichte scheint diesem Bild des Baumes mit all seiner menschlichen Berechenbarkeit entgegenzustehen. Immer wieder fängt Neues an, das mit dem Bisherigen zwar in Verbindung steht, aber doch nicht so, wie man es zuvor menschlich erwartet und geplant hätte. Kontinuität und Diskontinuität gehen gerade dann ineinander über, wenn Gottes Geschichte von uns Menschen aus betrachtet wird. Es gibt auch den Baum, der abgehauen wird, der keine Früchte mehr trägt, aus dessen totgeglaubtem Wurzelstumpf aber ein neuer Reis heraussprießt und Neues wachsen läßt, weil Gott eben doch treu ist. Dieses Bild aus Jes 11, das uns im Weihnachtslied wohlbekannt ist, bringt all' das auf den Punkt, was die matthäische Genealogie an den vier Frauen verdeutlichen will. Wird der eine und einzige Gott in seiner Treue, die sich auch und gerade in der unerwarteten Bestätigung des Vorausgegangenen und Verheißenen zeigt, nicht auch in der von Matthäus beschriebenen Jungfrauengeburt, die sich aller genealogischen Versicherung entzieht, erkannt? Die Frauen der ersten Genealogie des Neuen Testamentes bzw. ihre Geschichten schärfen doch wohl unseren Blick dafür.

Aber dennoch: Jesus fällt eben nicht vom Himmel! Auch er wird in eine Familie, in ein Volk hineingeboren. So wie die Genealogie der Chronikbücher Familie und Dynastie Davids wegen ihrer Erwählung in den Mittelpunkt stellt, so wird Jesus als Sohn Davids im Volk Gottes geboren, damit wir Christen niemals vergessen, wohin wir gehören.

Doch es scheint, daß wir das Matthäusevangelium und damit auch das Neue Testament doch nicht allzu oft mit ganzer Aufmerksamkeit von Anfang an gelesen haben. Denn die Geschichte des Christentums zeigt immer wieder, daß die Christen ihren jüdischen Ursprung vergessen und auch verraten haben. Und selbst die Liturgie legt noch ein Zeugnis von diesem Mißverständnis oder fehlenden Zugang ab. Die matthäische Genealogie begegnet ein einziges Mal im Lektionar und zwar als Evangelium für den Heiligen Abend. Dort ist sie verbunden mit der bei Matthäus zu ihr gehörigen Darstellung der Jungfrauengeburt (Mt 1, 18-25). Diese Geschichte findet sich dann aber alleine ohne die genealogische Vorgeschichte als »Kurzfassung« des Evangeliums. So wird suggeriert, daß man die Geschichte von der Jungfrauengeburt auch ohne die genealogische Vorgeschichte verstehen könnte, und man offenbart gleichzeitig den fehlenden Zugang zu diesem Text.

Advent – Schriftzeit

Auch unser Kirchenjahr beginnt nicht mit Weihnachten, sondern mit der Vorbereitung auf Weihnachten im Advent. Eine Vorbereitung auf den Anfang kannte die frühe Kirche besonders für diejenigen, die getauft werden wollten. Die unmittelbare Zeit vor der Taufe galt dann in erster Linie der Schriftlesung, und das heißt in der Alten Kirche dem Lesen und Kennenlernen der Bibel Israels, des späteren Alten Testaments, das zu dieser Zeit die einzige Heilige Schrift der Kirche war. Die berühmte Pilgernonne Etheria erwähnt in ihrem Reisebericht, daß im Jerusalem des 4. Jahrhunderts der Bischof in den 40 Tagen vor der Taufe mit denen, die sich vorbereiten, zweimal die Schrift durchgeht. Auf diesem Hintergrund wird deutlich, daß das Neue Testament im Christentum niemals ohne das Alte verstanden werden kann, was Matthäus durch seine Genealogie auch festhält. Diese genealogische Vorgeschichte bei Matthäus steht ja auch im wahrsten Sinne des Wortes noch vor der Weihnachtsbotschaft von der Geburt Jesu Christi. Könnten wir sie nicht einmal als Adventstext lesen lernen, so wie man solch' eine Genealogie lesen muß? Tag für Tag und Stück für Stück die Geschichten der Personen aus dem Alten Testament lesen und sich die bewußtmachen, die dort der Reihe nach als Vater und Sohn und wieder Vater und Sohn – und manchmal auch als Mutter – aneinandergereiht sind. Sicher würde uns an Weihnachten dann ein Licht aufgehen: Daß nämlich das Neue Testament im Licht des Alten Testaments zu lesen ist.

Angesprochen und beansprucht

Jahr für Jahr bieten uns in der vorweihnachtlichen Zeit die Buchhandlungen immer wieder neue Bibeln als besonderes und anspruchsvolles Weihnachtsgeschenk zum Kauf an. Natürlich kann es die altbekannte Bibel nicht immer neu geben, und zumeist handelt es sich bei den vielfältigen Ausgaben nicht einmal um neue Übersetzungen, die versuchen würden, uns die Botschaft der Bibel sprachlich näherzubringen. Stattdessen sind es prächtige Ausstattungen und exklusive Aufmachungen, die bei diesen immer neuen Bibeln bestimmend sind. Da liegt die »normale Bibel« mit schwerem geprägtem Ledereinband und Goldschnitt, die den Eindruck eines mittelalterlichen Buches macht, neben der Künstlerbibel, bei der sich nicht nur biblische Motive dieses oder jenes Künstlers in den Text eingefügt finden, sondern der Buchdeckel selbst schon als Kunstwerk gestaltet ist, so daß man ein solches Buch so wenig in die Hände zu nehmen wagt, wie man andere Kunstwerke in Museen oder Ausstellungen berühren darf. Und neben der Kinder- und Comicbibel, der Bibel der Buchmalerei und den vielen anderen Bibelausgaben, die als Augenschmaus präsentiert werden, findet sich auch noch die sogenannte »Armenbibel«.

Daß die Bezeichnung *Armen*-Bibel unzutreffend ist, wird bei den heutigen aufwendigen Nachdrucken dieser faszinierenden mittelalterlichen Bildkompositionen besonders deutlich, wenn man auf die stolzen Preise solcher Faksimileausgaben blickt. Aber die Bezeichnung ist auch im Blick auf die Originale und ihre ursprüngliche Intention einfach falsch, wenn man den

Namen dieser »Bibeln« so versteht, als handele es sich dabei um Bibeln für Arme – gleichgültig ob im materiellen oder im geistigen Sinn. Man hat diese mittelalterlichen Zusammenstellungen von biblischen Bildmotiven oft im Rückgriff auf Gregor den Großen als Armenbibeln bezeichnet, weil jener formuliert hatte, daß die Bilder die Bibeln der Ungebildeten seien. Gleichwohl hatte Gregor nicht an diese speziellen Ausgaben der Armenbibeln gedacht, sondern daran, daß die des Lesens Unkundigen sich mit Hilfe einer Illustration oft schneller und besser die zuvor gehörten Geschichten aus der Bibel merken können. Daß Illustrationen oder Bildmotive oft eingängiger sind und in unserer Erinnerung tiefer haften bleiben als lange Reden und viele Worte, das weiß vor allen Dingen jeder, der selbst Kinder hat oder mit Kindern umgeht. Die reich bebilderten Kinderbibeln sind schließlich ein ebenso beredtes Zeugnis für das im wahrsten Sinne des Wortes Einprägende des Bildes, wie das gute Schaubild in einem komplizierten Lehrbuch. Wie oft kommt einem nicht noch als Erwachsener bei dieser oder jener Geschichte der Bibel ein Bild aus der eigenen Kinderbibel in den Sinn?

Ob die Bilder der sogenannten Armenbibel aber in dem Sinne Illustrationen sein wollen, daß sie das Verstehen und Behalten biblischer Geschichten erleichtern, wird schon beim ersten Durchblättern einer solchen Ausgabe mehr als fraglich. Denn was man dort zu sehen bekommt, sind Bildseiten mit jeweils drei nebeneinanderstehenden Bildmotiven, die darüber hinaus von je vier Prophetengestalten und Textteilen gerahmt werden. Schon ein erster Überblick läßt schnell erkennen, daß diese Bildkompositionen Weitauseinanderliegendes zusammenbringen. Während man die immer in der Mitte plazierte neutestamentliche Szene zumeist schnell und zuerst erkennt, bereiten die rechts und links stehenden Bilder aus dem Alten Testament bei der Frage, was dort dargestellt ist, eher Schwierigkeiten, weil sich hier zahlreiche Details von alttestamentlichen Geschichten, die in der christlichen Liturgie und Katechese kaum berücksichtigt werden, dargestellt finden. Hier geht es also wahrlich nicht um illustrierte biblische Geschichten, also um eine Bilderbibel, sondern mit der Armenbibel liegen uns Bildprogramme vor, die gar nicht so einfach zu verstehen sind, weil man sie *lesen* lernen muß. Der Schlüssel zu ihrem Verständnis liegt in der Typologie.

Auf der Suche nach dem Vor-Bild

Das typologische Denken versucht, auseinanderliegende Dinge, Personen oder Ereignisse dadurch aufeinander zu beziehen, daß *Entsprechungen* gesucht und herausgestellt werden, um so eine innere Einheit aufzudecken.

Schon im frühen Christentum gewinnt das typologische Denken immer mehr an Bedeutung, weil die Christen versuchen, die Einheit der Heilsgeschichte vor und nach Christus zu erkennen. Wie steht Gottes Handeln in und durch Jesus Christus zu seiner Erwählungs- und Bundesgeschichte mit dem Volk Israel, lautet die alles entscheidende Frage. Diese Frage konkretisiert sich mit der sich langsam herausbildenden christlichen Bibel aus Altem und Neuem Testament zur spezifischen Frage nach dem Verhältnis der Testamente zueinander bzw. nach der Einheit der biblischen Botschaft. Worte, Geschehnisse, Personen und Institutionen des Alten Testaments werden als *Typen* betrachtet, die ihre Entsprechung im Neuen Testament haben. Die daraus resultierende Gegenüberstellung von Altem und

Neuem Testament führt dann zu einer Einheit der Geschichte Gottes mit den Menschen, weil durch die Typologie das Alte Testament als Vorbild oder Vorausbildung dessen betrachtet wird, was als vollkommenes Bild im Neuen Testament erscheint. So stellt beispielsweise schon Paulus den Zusammenhang von Sünde und Erlösung durch eine Typologie dar, die er an *Adam* und *Christus* verdeutlicht.

Diese Betrachtung der beiden Testamente durch typologische Bezüge hat durchaus etwas Positives. Denn sie versucht, die Einheit der ganzen christlichen Bibel von innen heraus lebendig werden zu lassen, und betrachtet nicht, was im Christentum allzu häufig auch angetroffen wird, das Alte Testament als überholt, veraltet und überflüssig und das Neue Testament als alleingültig oder maßgeblich. Gleichwohl birgt die Typologie zwischen Altem und Neuem Testament auch große Gefahren in sich, die sich in dem christlicherseits auch immer wieder geäußerten Mißverständnis zeigen, daß das Alte Testament eben *nur* Vorbild sei, also ohne Eigenwert und Selbstand. Eine solche Betrachtung führt dann natürlich auch wie von selbst zur Abwertung des Judentums, weil dieses als Heilige Schrift nur das hat, was im typologischen Denken *Voraussetzung* der neutestamentlichen Botschaft ist, obgleich die Juden doch als die Erstberufenen im Glauben zu betrachten sind.

Ist man sich dieser Schwierigkeiten bewußt und widersetzt sich den genannten negativen Aspekten, dann kann die Betrachtung der Bildseiten der Armenbibel für uns durchaus zu einem kräftigen Impuls für den Glauben werden, weil uns diese Bilder in sonst kaum noch zu findender Art und Weise von der neutestamentlichen Botschaft her auf zumeist unbekannte oder weniger bewußte Zusammenhänge des ersten und größten Teils unserer Heiligen Schrift, des Alten Testaments, führen. Ja, wer sich diesen Bildern wirklich stellt und vielleicht sogar ein wenig durch die Typologien hindurchschaut, der wird neutestamentliche Geschichten und Gedanken in einem neuen Licht sehen und tiefer verstehen lernen.

Das Wunder des Anfangs

Betrachtet man beispielsweise die Darstellung der Geburt Christi in der Armenbibel, dann wird schnell deutlich, daß es gar nicht so einfach ist, den Sinn dieses Bildprogramms zu entdecken. Was hat denn wohl die auf der einen Seite dargestellte Moseberufung im »brennenden Dornbusch« mit der Geburt Christi zu tun? Oder worin liegt denn die Verbindung zwischen dem Neugeborenen und der ihm an die Seite gestellten Darstellung der wenig bekannten Geschichte vom Aufblühen der Rute Aarons? Das *Lesen* des Bildprogramms setzt voraus, daß man als Betrachter die rechts und links dargestellten Geschehnisse sozusagen in das mittlere Bild einbringt, um das jeweils Entsprechende zu entdecken.

Das erste alttestamentliche Beispiel beim Bild »Geburt Christi« betrifft die Moseberufung, wie sie am Anfang des Exodusbuches berichtet wird:

»Mose aber hütete das Kleinvieh seines Schwiegervaters Jitro, des Priesters von Midian. Und als er einmal das Kleinvieh über die Wüste hinaustrieb, da kam er zum Gottesberg, zum Horeb. Da erschien ihm ein Bote des HERRN in einer Feuerflamme mitten aus dem Dornbusch. Und er sah, daß der Dornbusch im Feuer brannte, aber dennoch nicht verbrannte. Da sprach Mose: Ich will hingehen und mir dieses eigentümliche Schauspiel ansehen, warum der Dornbusch nicht verbrennt. Da sah der HERR, daß er her-

antrat, um anzusehen, und Gott sprach ihn mitten aus dem Dornbusch an und sagte: Mose, Mose! Der antwortete: Hier bin ich. Da sprach er: Komm nicht näher heran, zieh deine Schuhe von den Füßen ab, denn der Ort, auf dem du stehst, ist heiliges Land. Und weiter sagte er: Ich bin der Gott deines Vaters, der Gott Abrahams, der Gott Isaaks, der Gott Jakobs. Da verhüllte Mose sein Angesicht, denn er fürchtete sich davor, Gott anzuschauen«(Ex 3, 1-6).

Das zweite Bild betrifft das Aufblühen des Stabes Aarons, von dem im Numeribuch berichtet wird.

»*Und dann sprach der HERR zu Mose: Sprich zu den Söhnen Israels und nimm von ihnen je eine Rute von jeder Sippe, von jedem ihrer Fürsten, ihren Sippen entsprechend, zwölf Ruten also. Die Namen eines jeden sollst du auf seine Rute schreiben. Den Namen Aarons sollst du auf die Rute Levis schreiben, denn nur eine Rute soll für jede Sippe da sein. Und du sollst sie im Zelt der Begegnung vor dem Zeugnis niederlegen, dort wo ich euch begegne. Und derjenige, den ich erwählen werde, dessen Rute wird aufblühen. So werde ich von mir aus das Murren der Söhne Israels beenden, das sie gegen euch erheben. Mose sagte es den Söhnen Israels und all ihre Fürsten brachten ihm ihre Ruten, jeder Fürst eine, Sippe für Sippe, zwölf Ruten also. Und die Rute Aarons mitten unter ihren Ruten. Dann legte Mose die Ruten vor dem HERRN im Zelt des Zeugnisses nieder. Und als Mose am nächsten Morgen in das Zelt des Zeugnisses kam, siehe, da hatte die Rute Aarons vom Hause Levi ausgeschlagen, sie hatte Knospen hervorgebracht und Blüten getrieben und Mandeln waren gereift. Da brachte Mose alle Ruten vom Ort vor dem HERRN heraus zu den Söhnen Israels, die sie ansahen, und jeder nahm seinen Stab wieder an sich*« (Num 17,16-24).

Die typologische Verbindung zwischen diesen Szenen ist auch durch andere Zeugnisse belegt und deshalb bekannt. Das der Natur widerstreitende Wunder steht als Verbindungspunkt zwischen den drei Bildern. Der Dornbusch, der im Feuer nicht verbrennt, die wurzellose Rute Aarons, die ausschlägt und Blüten und Früchte hervorbringt, sind Vorbild für das unfaßbare Wunder der Jungfrauengeburt.

Darf man sich aber mit dieser doch so oberflächlichen Verbindung zwischen den Bildern schon zufriedengeben? Wird das Ziel der ganzen Bildkomposition wohl darin liegen, die Jungfrauengeburt in dieser Weise als übernatürliches Wunder zu beschreiben?

Die Mosegeschichte bleibt ja auch nicht bei dem Wunder stehen. Der Glaube des Mose richtet sich nach der Geschichte nicht auf das Wunder des Dornbuschs, sondern dieser führt ihn nur zum Eigentlichen und Wesentlichen hin. Der Dornbusch, der nicht verbrennt, zieht die Aufmerksamkeit des Mose auf sich. Er läßt ihn vom Weg abweichen, um näher hinzusehen. Durch den Dornbusch verläßt Mose seine Pfade, bricht aus seinem Alltag aus. Das Wunder des Dornbuschs bringt ihn dazu, aber es ist nicht Ziel dieser Begegnungsgeschichte. In dem Moment, in dem Mose sich vom Dornbusch anziehen läßt, tritt er in eine andere, für ihn neue Welt. Er wird angesprochen und muß sich seine Schuhe, mit denen er seinen bisherigen Lebensweg gegangen ist, ausziehen, denn wo er jetzt steht, ist »heiliges Land«. Heilig ist dieses Land ein Schritt neben dem Weg nur, weil es Land der Gottesbegegnung ist. Schon ist für die Geschichte das Wunder des nicht verbrennenden Dornbuschs vergessen, und Gott selbst, der Mose anspricht und sich zu erkennen gibt, steht im Mittelpunkt. Doch auch damit noch nicht genug: der Geschichte kommt es nicht darauf an, zu erzählen, daß Mose eine Gottesbegegnung gehabt hat. Nein, Gott läßt Mose vielmehr wissen, daß er das Leid und die Unterdrückung der Israeliten wahrgenommen hat, daß er dies nicht länger mit ansehen und Israel aus der Hand der Ägypter befreien und in ein eigenes Land führen will.

Ansprechbarer Gott

Mose erfährt den Willen Gottes, und er soll das in die Tat umsetzen, ausführen, was Gott zu tun gedenkt. Aus dem »Ich will sie aus diesem Land herausführen« (Ex 3,8) wird das »Geh jetzt, führe du mein Volk aus Ägypten heraus« (Ex 3,10). Mose mag wohl ahnen, welche Last mit diesem göttlichen Auftrag ihm aufgebürdet wird. Seine Begegnung im Dornbusch kann er nicht mitnehmen, und dann wird er als einfacher Mensch vor dem Pharao und auch vor den Israeliten stehen. Gott aber läßt ihn damit nicht allein, sondern gibt ihm etwas mit auf den Weg. Er offenbart ihm seinen Namen. Und – dieser Name ist Programm. Nicht, daß er etwas über sein Wesen und seine Art aussagen würde, wie beispielsweise »der Starke«, »der Allmächtige« oder sonst irgendetwas, nein, sein Name lautet einfach »Ich-bin-Ich« (Ex 3,14). Mose kann den Israeliten einen Eigennamen Gottes mitteilen. Weil dieser Name etwas ganz Individuelles ist, bedeutet er mehr als all' die wohlklingenden oder vielsagenden Namen von Göttern oder Menschen. Wenn der Name selbst auch nichtssagend ist, so läßt sich mit ihm Gott doch ansprechen, weil es eben Sein Name ist. Das ist wie bei einer Telefonnummer, die mir jemand gibt. Die Zahlenkombination sagt mir nichts über ihn, aber mit ihr kann ich ihn anrufen, mich an ihn wenden, mit ihm ins Gespräch kommen.

Mehr als ein Wunder

Sehen wir jetzt wohl etwas tiefer, wenn wir von dieser Betrachtung des Dornbuschs her auf das Kind in der Krippe schauen?

Vermag die Geburt Christi uns noch aus unserem Alltag, aus den ausgetretenen Pfaden unseres Lebens herauszureißen? Stellt dieses Neugeborene uns vor die Frage nach unserer Berufung? Wer spricht uns denn an, wenn wir uns der Krippe nähern?

Ebensowenig wie der brennende Dornbusch Ziel der Geschichte von der Moseberufung ist, gipfelt die zweite Geschichte in den Früchten der blühenden Rute Aarons. Weil sie den Blick auf sich zieht, wird sie zum sichtbaren Zeichen. Die Geschichte hält das selbst fest, wenn sie im Anschluß an den oben wiedergegebenen Abschnitt, der damit endete, daß alle ihre Ruten wieder an sich genommen haben, eigens erwähnt, daß nur die blühende Rute Aarons als *Zeichen* von Mose wieder ins Offenbarungszelt zurückgelegt werden soll. Doch diese aufbewahrte Rute ist sicherlich nicht nur Bestätigungszeichen für die Erwählung Aarons, sondern Erinnerungszeichen für das, was dort geschehen war. Ausgangspunkt des Ganzen war der Aufstand der um Korach versammelten Israeliten gewesen, die die Heiligkeit des ganzen Volkes gegen die besondere Berufung des Mose ausspielten. Die besondere Stellung und das Leitungsamt des Mose wollen sie nicht mehr anerkennen (vgl. Num 16,3), weil sie kein Ende der Wüstenwanderung sehen und sich von Mose durch ihren Exodus aus Ägypten betrogen fühlen. Da stellt Gott selbst sich hinter Mose und droht Strafe an. Nur die Fürbitte des Mose und des Aaron führen schließlich dazu, daß die vernichtende Strafe Gottes nicht das ganze Volk trifft, sondern nur die, die sich aufgelehnt haben. Auf diese Ereignisse nun folgt die Erwählung Aarons zum Priesterdienst am Offenbarungszelt durch das Wunder mit den Ruten.

Die fordernde Nähe Gottes

Doch diese Erwählung bedeutet kein Privileg, das Aaron und seine Familie genießen könnten. Nein, sie werden vielmehr zu einer besonderen Verantwortung herangezogen. Das Beispiel der um Korach Versammelten hatte allen Israeliten deutlich vor Augen geführt, daß die besondere Gegenwart Gottes bei seinem Volk von diesem auch Besonderes verlangt. Die Nähe des mit seinem Volk ziehenden Gottes ist nicht nur schützend und segensreich, sondern sie fordert auch. Das »normale« Leben, das Leben wie alle anderen, mit der besonderen Nähe Gottes als Bonbon, das gibt es nicht. Israel hat dies immer wieder erfahren und diese teils schmerzhaften Erfahrungen in vielen biblischen Geschichten festgehalten. Aarons Priesterdienst steht auch für die Besonderheit der Erwählung Israels. Der Dienst am Zelt der Begegnung vermittelt den Israeliten diese heilsame Nähe Gottes wie ebenso auch sein forderndes Herausrufen Israels zu seinem Volk, dem Volk Gottes. Die blühende und Früchte tragende Rute Aarons ist das schönste und sinnfälligste Zeichen für Israels Erwählung; denn Aarons Erwählung zum Dienst am Heiligtum läßt sich nur verstehen – ja, wird geradezu notwendig – durch Gottes Unmittelbarkeit bei seinem Volk. Daß es aber überhaupt zu diesem Zeichen der Erwählung kommen mußte, erinnert auch alle Späteren an Gottes Barmherzigkeit, die Sühne und Vergebung auch und gerade dann ermöglicht, wenn die besondere Berufung und Erwählung zur drückenden Last wird.

Die Bildkomposition der Armenbibel, die diese Darstellung von der Erwählung Aarons durch die blühende Rute an die Seite des Bildes von der Geburt Christi stellt, hat sicherlich auch an die so beschriebenen Hintergründe dieser Erzählung aus dem Buch Numeri gedacht, denn im Neuen Testament gibt es eine einzige Stelle, die diese Rute Aarons erwähnt. Es ist der Hebräerbrief, der bei seiner Darstellung des von Christus vermittelten Bundes auf das Heiligtum Israels eingeht und neben dem goldenen Rauchopferaltar und der Bundeslade auch den Stab Aarons im Allerheiligsten erwähnt. Er, der Hebräerbrief, entwirft die Rolle Christi in Gottes Heilsplan ganz entscheidend vom alttestamentlichen Priestertum her. Christus, der Mittler, ist für ihn der Hohepriester. Die damit verbundenen Gedanken im Blick auf Sühneopfer und Erlösung haben die Auswahl der eigentümlichen Geschichte vom Anfang des Priestertums Aarons gewiß stimuliert. Das Bildprogramm der Armenbibel soll uns daran erinnern, daß wir schon beim Kind in der Krippe Christus, den Hohenpriester, vor uns haben, durch den wir die besondere Nähe Gottes erfahren. Er konfrontiert uns aber auch mit unserer Erwählung und mit unserer besonderen Verantwortung, die daraus erwächst, daß wir in und durch diesen Jesus Christus Anteil bekommen an der Erwählung Israels.

Berufen und erwählt

Wie unbedacht und scheinbar locker treten wir an die Krippe heran, ohne uns bewußt zu machen, wem wir dort begegnen, ohne uns bewußt zu machen, was dieses Herantreten für Folgen haben kann! Die blühende Rute Aarons ist ein Erinnerungszeichen. Neben der Krippe soll sie uns davor bewahren zu vergessen, daß Gott selbst uns hier gegenübersteht. Aarons Dienst war ein Dienst am Zelt der Begegnung, dem Ort der unmittelbaren Nähe Gottes. Wenn Gott in diesem Jesus Mensch geworden ist, dann schlüpfen wir sozusagen in die Rolle Aarons hinein und gelangen zum Allerheiligsten, zum Ort der Unmittelbarkeit Gottes.

Wenn man die Tiefe der Gedanken dieses Bildprogramms der Armenbibel ein wenig erfaßt, spürt man, wie die Bildkomposition uns in Frage stellt, weil sie im Angesicht der Krippe Rechenschaft über unseren Glauben von uns verlangt. Wenn wir Gott selbst in Christus begegnen, überwinden wir Christen alle Barrikaden zwischen Gott und Mensch – schon an der Krippe von Betlehem –, dann ist dies aber ebensowenig ein Privileg wie der Dienst Aarons am heiligen Zelt. Das Privileg besteht höchstens in der besonderen Verantwortung, im Zeugnis für Gottes Gegenwart.

Spüren und erleben andere Menschen eigentlich noch, daß wir Christen an Weihnachten den Uranfang unserer Gottesnähe feiern?

Allzu oft stoßen auch wir wohl nicht mehr zu diesem Kern der Weihnachtsbotschaft vor. Wir bleiben irgendwo in der Hektik des Weihnachtstreibens stecken und finden wohl gar nicht mehr den Weg bis zum Kind in der Krippe. Unser Leben hat allem Anschein nach genug an Spektakel und faszinierenden Schauspielen, so daß wir nicht wie Mose stehenbleiben und unsere ganze Aufmerksamkeit auf eine unerklärliche Kleinigkeit am Wegrand richten.

Nötig ist aber der kleine Schritt und der Wille, etwas zu sehen und zu verstehen. Können wir es uns überhaupt leisten stehenzubleiben, um uns dem zuzuwenden, was am Rande liegt? Die Zeit geht weiter, und Weihnachten rückt unaufhaltsam näher ...

Doch ob mit Weihnachten Gott uns wirklich ein Stück näherkommen kann, uns begegnet und anspricht, das hängt von unserer Bereitschaft ab, stehenzubleiben, innezuhalten und Sinn zu suchen.

Die Künstler der Armenbibel haben zu verstehen versucht. Was die Geburt Christi für unser eigenes Selbstverständnis bedeutet, führen sie uns vor Augen indem sie anscheinend so Fernliegendes wie die Moseberufung am Dornbusch und die Erwählung Aarons durch den blühenden Stab ganz nahe an das Geschehen von Weihnachten heranrücken. Die Spur, die sie damit legen, geht tief ins Alte Testament hinein, mitten ins Zentrum, denn dort zwischen Ägypten und dem Gelobten Land, dort am Gottesberg, findet Israel seine Identität und wird zum Volk Gottes. An Weihnachten, das will uns die Bildkomposition der Armenbibel sagen, fängt nichts völlig Neues an, vielmehr bekommt Gottes lange Geschichte mit Israel einen neuen Höhepunkt. Wer Gott in diesem Jesus begegnen will, der begegnet auch Mose und Aaron. Denn nur Israels Erfahrung von Gottes Nähe und Israels durch die lange Geschichte gehende Antwort auf Gottes Wort geben dem Glauben, daß Gott selbst sich in diesem Kind in der Krippe uns nähert, einen Grund. Durch Mose und Aaron wird uns erst das Große und Gewaltige der Weihnachtsbotschaft deutlich. Weihnachten als Fest unserer Berufung und Erwählung. Um dies zu verstehen, müssen wir tief zu den Quellen unseres Glaubens im Alten Testament hinabsteigen. Es gibt eben kein Neues Testament ohne ein Altes Testament und kein Christuszeugnis ohne die Tora des Mose.

So recht betrachtet können uns die Bilder der Armenbibel vielleicht doch reich machen – nicht nur an Weihnachten.

Ein Geschenk des Himmels

Viele von uns schauen in den Tagen vor Weihnachten zum Himmel oder in den Wetterbericht, um Anzeichen zu finden, ob es zur Weihnacht Schnee geben kann. Das idyllische Bild von der weißen Weihnacht hat uns stark geprägt, obgleich die biblischen Texte und viele Gebete nicht vom Schnee, sondern mehr vom Regen sprechen. »Tauet Himmel, den Gerechten, Wolken regnet ihn herab« heißt es in einem bekannten Adventslied, das diesen Gedanken aus Jes 45,8 übernommen hat: »Taut, ihr Himmel, von oben, ihr Wolken, laßt Gerechtigkeit regnen!« Hinter diesem Bild steht die für den Orient lebenswichtige Vorstellung vom göttlichen Segen, den der Himmel durch Regen und Tau schenkt. Der hohe symbolische Wert, den man dem Tau in biblischen Texten zuschreibt, geht wohl auf die ganz natürliche Lebenserfahrung der Menschen im Heiligen Land zurück, die ganz einfach beobachtet haben, welch' lebensspendende Wirkung vom teils recht kräftigen sommerlichen Tau in der sonst regenlosen Zeit ausgeht. Wen wundert's, wenn der Tau Zeichen des göttlichen Segens ist, daß er auch in einer Geschichte begegnet, die von Gottes Fürsorge für das Überleben Israels erzählt. »Am Morgen lag eine Schicht von Tau rings um das Lager« (Ex 16,13), heißt es in der berühmten Geschichte vom Himmelsbrot, dem Manna, das Gott seinem Volk auf dem Weg durch die Wüste zur Nahrung gibt. Wie der Tau den Lebewesen das notwendige Wasser schenken kann, ebenso erhalten die Israeliten ihr Brot, ganz unbeeinflußbar vom Menschen, eben ein Geschenk des Himmels.

Gideons Vlies

Auf dieses Geschenk des Himmels spielt über das Stichwort *Tau* eine andere, etwas eigentümlich anmutende Geschichte des Alten Testamentes an.

»Und Gideon sagte zu Gott: Wenn es wirklich so ist, daß du Israel durch meine Hand, wie du gesagt hast, retten willst.... Siehe, ich lege frisch geschorene Wolle auf die Tenne, wenn Tau allein auf diese Wolle fallen wird, während es auf dem ganzen Boden trocken bleibt, dann weiß ich, daß du Israel durch meine Hand retten willst, wie du gesagt hast. Und es geschah so. Er stand früh am Morgen auf und drückte die Wolle aus, er preßte den Tau aus der Wolle, es war eine Schale voll Wasser. Gideon sagte zu Gott: Entzürne nicht über mich, ich will auch nur diesmal noch reden; ich will es versuchen nur noch diesmal mit der geschorenen Wolle: Sie allein soll trocken sein, während Tau auf dem ganzen Boden liegt. Und Gott machte es so in dieser Nacht: Nur die Wolle war trocken, während Tau auf dem ganzen Boden war.« (Ri 6,36-40)

Eine wundersame Geschichte, die auf den ersten Blick nichts mit dem Lebensspendenden des Taus zu tun hat, sondern lediglich ein eigentümliches Zeichen mit dem Tau verbindet. Doch dies Zeichen gehört in den Zusammenhang der Berufung des Gideon. Der Engel des HERRN ist ihm zuvor erschienen und hat ihn mit den Worten begrüßt »Der HERR sei mit dir« (Ri 6,12). Doch Gideons Antwort darauf ist von Niedergeschlagenheit gekennzeichnet. Schön wär's, wenn Gott mit mir wäre, gibt Gideon als Antwort zu verstehen, und fragt, wo denn die Nähe Gottes, seine Hilfe, all' die wunderbaren Taten, von denen die Väter erzählt haben, für ihn und die Seinen zu finden ist. Er glaubt, daß Gott sein Volk verstoßen und preisgegeben habe. Da erhält er, wie Mose am Dornbusch, einen gewaltigen Auftrag »Rette Israel!« (Ri 6,14). Und wie Mose bei seiner Berufung zögert auch Gideon und hält Gott vor, daß seine Sippe die schwächste und er der Jüngste sei. Doch Gott gibt ihm eine Beistandszusage. Und doch, der Berufene zögert, er will ein Zeichen, um ganz sicher zu sein ... Das Zeichen wird ihm gewährt durch Feuer, das sein Opfer verzehrt. Wenn am Anfang unserer Passage Gideon wieder zurückfragt nach seinem Auftrag, dann wird von hierher das eigentümliche Zeichen mit der Wolle verständlich. Zu groß ist der Auftrag und zu schwach fühlt sich der Beauftragte. Wiederum, wie auch Mose zwei Zeichen zur Beglaubigung seiner Sendung braucht – der Schlangen-Stab und die vom Aussatz befallene Hand –, so braucht auch Gideon noch ein Zeichen, um Mut für seine Berufung zu fassen. Und selbst dieses zweite Zeichen zeigt, wie zögerlich und ängstlich der ist, den der Engel des Herrn zuvor als »starker Held« angesprochen hatte. Es geschieht ganz so, wie Gideon wollte, der Boden ist trocken und seine Wolle vom Tau durchnäßt. Die Erzählung der Geschichte schreitet in schnellen Schritten voran; doch wer genau hinsieht und feinsinnig auf das hört, was hinter den Worten der Geschichte geschieht, der hört, der spürt geradezu den knisternden Zweifel des Helden. Das, was geschehen ist, könnte ganz natürlich sein. Die schnell steigenden Temperaturen am Morgen lassen natürlich den Tau auf dem glatten Tennenboden schnell trocknen, während die Wolle ihn länger halten kann. Gideon will, ja, muß Klarheit haben. Das Besondere, das Unnatürliche, das Unerklärbare muß her, damit Gideon weiß, daß Gott Israel durch ihn retten will. Gideon spürt aber auch Unbehagen, er könnte zu weit gehen mit seinen Forderungen und Gottes Zorn heraufbeschwören. Wie ein bittendes Kind betont er immer wieder »Nur dieses eine Mal noch«. Und

Gott scheint zu verstehen, daß Gideon genau dies braucht, und ohne ein Wort läßt er es geschehen: Nasser Tau liegt auf dem ganzen glatten Boden, während die Wolle trocken ist. Die Geschichte braucht uns nicht mehr zu erzählen, daß Gideon nun glaubte und seinen Auftrag annahm und ausführte, das folgende zeigt dies schon. Doch das eigentümliche Zeichen mit der Wolle und dem Tau will den Blick ganz bewußt auch nicht auf dem zögerlichen Helden, dem Berufenen, ruhen lassen, sondern eine Deutung für seine Geschichte, als kleiner Mosaikstein in der großen Geschichte des Volkes Gottes, geben. Der Tau, den Gott für das Zeichen des Gideon vom Himmel fallen läßt, erinnert ganz bewußt an das Manna, das Himmelsbrot, das Israel in der Wüste hat überleben lassen. Rettung und Heil stehen im Vordergrund der Gideongeschichte. Zweimal läßt die kurze Episode Gideon Gott daran erinnern, daß er Israel »retten« will. Israels Rettung geht nicht auf die militärische Stärke Gideons und seiner Mannen zurück; nicht Strategie oder militärische Überlegenheit bringen Israel Heil, sondern der Richter Gideon, der seine göttliche Berufung findet, so wie Israel in der Wüste das Himmelsbrot gefunden hat – als Tau auf dem Boden.

Mehr als nur ein Name

Um Jesus, den Messias, zu verkünden, um zu erklären, wer er denn ist, haben die Christen schon früh nach Geschichten in der Bibel Israels gesucht, die dieses Heil, die Rettung Israels, zum Ausdruck bringen. Nicht nur das Stichwort »Rettung, Heil«, daß ja auch im Namen »Jesus« enthalten ist, hat diese Suche zur Gideongeschichte geführt, sondern auch der Engel des Herrn, der nach Lk 1,28 Maria mit denselben Worten begrüßt wie

Gideon: »Der HERR sei mit dir.« Und so auf die Gideongeschichte gestoßen, erkennen die Christen schnell, daß das in Jesus zur Welt gekommene Heil ein Geschenk des Himmels ist wie das Manna in der Wüste, das als Tau auf dem Boden liegt, und wie der Tau, der dem zögernden Gideon bestätigt, das Volk Gottes zu retten.

Rettung und Heil von Israels Gott her, das haben die Christen in der Geburt Jesu als Geschenk des Himmels erfahren und haben deshalb die Geschichte Gideons zum Zeichen genommen, um dies verständlich werden zu lassen. Im Mittelalter hat man dann die Geschichte vom Wollvlies des Gideon in den typologischen Bildern der sogenannten Armenbibeln der Verkündigung Mariens gegenüber gestellt. Und viele – bis heute begegnende – liturgische Texte haben diesen Gedanken noch weiter entfaltet. Das Natürliche hinter sich lassende Zeichen der trockenen Wolle auf dem nassen Boden konnte dann in christlicher Deutung zum Hinweis auf die Jungfräulichkeit Mariens werden. Und Jesus selbst, der Rettung und Erlösung Gottes den Menschen brachte, konnte im Bild des Taus als Gabe Gottes, Geschenk des Himmels, vorgestellt werden.

Vielleicht zögern wir und zweifeln wie Gideon, wenn wir in der Adventszeit singen »Tauet Himmel, den Gerechten, Wolken regnet ihn herab«, und können gar nicht fassen, daß Gott uns in der Geburt Jesu ansprechen will, um uns durch Jesus in die Rettung seines Volkes Israel mit hineinzunehmen … Gideons Auftrag »Rette Israel« wird uns im programmatischen Namen Jesus nicht nur an Weihnachten als Geschenk des Himmels, wie Tau auf dem Boden, geradezu vor die Füße gelegt.

Wenn Hirten zu Propheten werden

Schaut man sich so manche unserer Weihnachtskrippen an, muß man den Eindruck bekommen, daß auf den Feldern von Betlehem ganze Sippen im Freien bei den Herden übernachteten; denn dort eilen groß und klein, alte Männer und Mütter mit Säuglingen zur Krippe. Das Lukasevangelium sagt aber nur, daß auf den Feldern Hirten Nachtwache hielten. Das werden sicher immer nur einige wenige gewesen sein und nicht ganze Familien. Nomadenfamilien, die in Zelten leben, sind zur Zeit Jesu in der Gegend von Betlehem wohl auch nicht mehr anzutreffen, und die hat der Evangelist Lukas sicher auch nicht im Blick, wenn er von der Nachtwache der Hirten spricht.

Aber warum erscheint der Engel eigentlich diesen Hirten? Sind es nur gerade die – im wahrsten Sinn des Wortes – Nächstliegenden? Sollten etwa nur recht schnell die ersten zur Krippe kommen, um anzubeten? Oder passen diese Hirten einfach am besten zum Geburtsort, zum Stall und der Krippe?

Im Lukasevangelium heißt es in der Botschaft des Engels an die Hirten: »Frohe Botschaft bringe ich euch, eine große Freude, die für das ganze Volk sein wird« (Lk 2,10). Sinn und Ziel der Kunde, die die Hirten erreicht, ist die große Freude für Israel, für das ganze Volk. Der Grund der Freude wird von dem Engel nun noch genauer benannt: »Denn heute wurde euch ein Retter geboren, er ist der Messias, der HERR, in der Stadt Davids« (Lk 2,11).

Doch dann spricht der Engel eigentümlicherweise von einem Zeichen. Er sagt nicht, ihr findet ihn, den Messias, da oder dort, so oder so. Nein, daß sie, die Hirten, ein Kind in Windeln gewickelt in einer Krippe liegend finden werden, dies soll ihnen Zeichen sein. Ein Zeichen weist aber immer auf etwas anderes hin, das es selbst nicht ist. Doch worauf soll das Kind in der Krippe die Hirten weisen?

Zeichen spielen eine große Rolle bei den Propheten Israels. Zumeist sollen sie denjenigen, die von Gott durch die Propheten angesprochen werden, als Bestätigung dafür dienen, daß ein wahrer, von Gott geschickter und beauftragter Prophet zu ihnen spricht, so daß seine Botschaft wirklich von Gott kommt, Wort Gottes ist.

Daß die Hirten dem Engel mißtrauen und deshalb ein solches Bestätigungszeichen für sich benötigen, ist nicht anzunehmen. Aber der Engel hat ja nicht eine »große Freude« für die Hirten verkündigt, sondern ihnen diese große Freude für ganz Israel mitgeteilt. Darin steckt zweifellos ein prophetischer Auftrag. Der Engel öffnet sozusagen den Hirten den Himmel. Er eröffnet ihnen ein kleines Stück vom Heilsplan Gottes für die Menschen. Da dies aber dem ganzen Volk gilt, erhalten sie noch ein Zeichen, das den anderen bestätigen soll, daß sie, die Hirten, wahrhaft von Gott her sprechen.

Wer dies alles wahrnimmt und die Bibel Israels, das Alte Testament der Christen, kennt, wird besonders hellhörig. Die Stichworte sind allzu deutlich: Das Gebiet von Betlehem, die Hirten, die Botschaft Gottes und der prophetische Auftrag.

Prophet von der Herde weg

Der Prophet Amos gilt im Alten Testament als der Prophet, den Gott »von der Herde weggeholt« (Am 7,15) hat. Im Streit mit dem Priester Amazja am Heiligtum von Betel, wohin er von Gott geschickt wird, betont Amos, daß er kein Prophet sei, sondern »Viehzüchter«, und dieser Hirte, der am Zentralheiligtum des Nordreiches Israel im 8. Jahrhundert v.Chr. auftritt, wird in der Einleitung des nach ihm benannten Prophetenbuches näherhin als ein Schafzüchter aus Tekoa (Am 1,1) gekennzeichnet. Tekoa ist ein kleines Dorf im Südreich Juda im Gebiet von Betlehem.

Man muß einfach an diesen Amos denken, wenn man bei Lukas von den Hirten hört, die in jener Gegend Nachtwache hielten, und die eine Botschaft Gottes für das ganze Volk Israel erhalten. Im Buch dieses Propheten Amos, den Gott von der Herde weg zu seinem Boten gemacht hat, wird diese Art der Berufung und Beauftragung selbst ausgesprochen:

»Gehen zwei zusammen, ohne voneinander zu wissen?
Brüllt der Löwe im Wald, wenn er keine Beute hat?
Gibt der junge Löwe etwa Laute aus seinem Versteck,
    ohne daß er etwas gefangen hätte?
Fällt ein Vogel etwa zur Erde, wenn keiner ein Netz
    nach ihm geworfen hat?
Springt die Falle vom Boden zu, wenn sie nichts gefangen hat?
Kann man in der Stadt ins Horn stoßen, ohne daß das Volk
    sich erschrickt?
Kann in der Stadt ein Unglück geschehen, ohne daß der HERR
    es bewirkt hätte?
Gewiß nicht, er, der HERR, tut nichts, ohne seinen Plan
    seinen Knechten, den Propheten, zu offenbaren.
Ein Löwe hat gebrüllt, wer fürchtet sich da nicht?
    Er, der HERR, hat gesprochen,
    wer wird da nicht zum Propheten?« (Am 3,3-8).

Die hier benutzten Bilder sind stark und selbstredend. Sie entstammen alle der unmittelbar einsichtigen Beziehung von Ursache und Wirkung. Nichts geschieht grundlos bzw. das eine löst das andere aus. Der Text drückt diese Naturnotwendigkeit, die Selbstverständlichkeit und Einsichtigkeit durch rhetorische Fragen aus. »Nein, das geschieht wohl nicht!«, kann man auf die ersten sechs Fragen nur antworten, und die gleichgestaltete siebte Frage verlangt dieselbe Antwort. Sie, die siebte Frage, führt aber aus dem bekannten und einsichtigen Bereich der Natur heraus. Nun kommt Gott ins Spiel. Es wird hier nicht beim philosophischen Gedanken der Letztursache, auf die alles zuvor Beschriebene zurückzuführen sei, eingesetzt, sondern beim konkret Erfahrbaren. Der, der letztendlich auch das Unglück in einer Stadt bewirkt, bestimmt also das Schicksal der Menschen. Dies ist so, weil er Gott ist und hinter allem steht, und weil nichts ohne Gott geschehen kann.

Und hinter allem Gott?

Doch mit dieser Aussage ist für den Amostext das Ziel noch nicht erreicht. Er geht einen Schritt weiter. Er nimmt Gottes Vorhaben, das hinter allem steht, was in unserem menschlichen Leben geschieht, selbst in den Blick. Dazu kommt nach den sieben Fragen nun die erste Aussage. Sie knüpft an das Tun Gottes aus der letzten Frage an und stellt fest, daß Gott nichts tut, ohne es zuvor seinen Propheten kundzutun und dies über die Propheten eben auch das Volk wissen zu lassen.

Hier geht es nun um »Übernatürliches«, um Offenbarung, nicht mehr um Naturnotwendiges und um Dinge, die man in und aus der Natur erkunden kann. Nicht nur das, was Gott den

Propheten mitteilt, ist Offenbarung, sondern auch der Satz selbst, daß Gott eben nichts tut, ohne es zuvor durch Propheten schon zu offenbaren, muß als Offenbarung verstanden werden. Er schließt zwar so selbstverständlich an die Einsichtigkeit in rhetorischen Fragen, die im Amostext vorausgehen, an und will ganz bewußt auch, daß man das Selbstverständliche von dort nach hier überträgt, aber darin liegt gerade der Kern der Aussage dieses Satzes. So klar wie die Beispiele aus der Lebenswelt des Menschen sind, so klar soll doch auch sein, daß Gott alles, was er tut, durch Propheten zuvor ankündigt. Erkennen und Verstehen kann man das wohl nur im Rückblick auf die vielen prophetischen Botschaften, auch wenn sie oft nachweislich ungehört geblieben sind.

Dieser Gedanke von der prophetischen Ankündigung treibt uns noch ein Stück weiter. Er richtet sich ja nicht nur an die, die erkennen sollen, daß Gott nichts ohne prophetische Vorankündigung tut, und die deshalb auf die Stimme der Propheten hören sollen, sondern erst recht an den Propheten selbst. Was Gott tut, offenbart er zuvor seinen Propheten. Das meint auch, daß Prophet kein frei gewählter Beruf ist, sondern daß der Prophet werden muß, der Gottes Wort hört, seinen Ratschluß offenbart bekommt.

Wie wird man Prophet ...?

Unsere Alltagssprache hat den »Propheten« auf das reduziert, was die Grundbedeutung des Wortstammes angibt: Die Vorhersage oder Ansage der Zukunft. In diesem Sinne reden wir bei allem, was berechenbar und vorhersehbar ist, gerne davon, daß man eben kein Prophet sein müsse, um dies oder jenes zu wissen. Auf der anderen Seite bezeichnen wir diejenigen als Propheten, die das Ungeahnte und nicht Erwartete befürchtet, gesehen oder auch schon mitgeteilt haben. Dieser Sprachgebrauch ist zurückzuführen auf die Besonderheiten der christlichen Theologie, die lange Zeit die Propheten Israels, also die Propheten, die aus dem Alten Testament bekannt sind, fast ausschließlich als Verkünder der Heilsereignisse in Jesus Christus gesehen hat. Diese Sicht, die von diesem Gedanken des Prophetischen her mehr oder weniger das gesamte Alte und Neue Testament in das Schema »Verheißung – Erfüllung« gepreßt hat, hat ihren Niederschlag in unendlich vielen Zeugnissen christlicher Kunst gefunden. Blickt man demgegenüber auf die Vielfalt prophetischer Phänomene, die uns im Alten Testament begegnen, dann sieht man schnell, daß es nur ein kleiner Ausschnitt ist, den wir durch diese Brille von Verheißung und Erfüllung erkennen. Im Alten Testament begegnen uns sowohl Prophetengruppen (als Ekstatiker, Prophetenschüler, Königs- bzw. Hofpropheten), als auch Einzelgestalten (wie z.B. Gad oder Nathan, Samuel oder Elia, die Prophetin Hulda oder auch die sogenannten großen Schriftpropheten Jesaja, Jeremia und Ezechiel). Das Alte Testament nennt in seiner griechischen Übersetzung all diese Personen größtenteils undifferenziert »Prophet«, während im Hebräischen bei ihnen sprachlich mehrfach unterschieden wird in »Gottesmann, Gerufener/Berufener, Seher etc.«. Wichtigstes Element bei aller Vielfalt der Prophetie in Israel ist, daß diese Menschen sich als von Gott gerufen (berufen) und mit einer Botschaft gesendet verstehen. Sie künden nicht, was aus ihrem eigenen Geist oder eigenen Herzen kommt, wie es beispielsweise Ez 13,2 bei den falschen Propheten betont, sondern für sie gilt grundsätzlich, was der sogenannte Botenspruch, der prophetische Reden einführt oder abschließt, zum

Ausdruck bringt: »So hat der HERR gesprochen« bzw. »Spruch des HERRN«.

Aus diesem Verständnis des Gerufen-/Berufenseins der Propheten ergibt sich auch die Notwendigkeit als Prophet aufzutreten, ja geradezu der Zwang zur Verkündigung. Dieser innere Druck wird im oben angeführten Text aus dem Amosbuch dadurch herausgestrichen, daß nach der Aussage, daß Gott nichts tut, ohne es zuvor seinen Propheten kundzutun, noch einmal zwei weitere rhetorische Fragen angehängt werden, die sich an die vorausgehenden anlehnen. Sie lassen schließlich keinen Zweifel mehr an der Unausweichlichkeit der Berufung zum Propheten. Dazu bedarf es aber keiner vorausgehenden geistlichen Spezialausbildung und auch keiner Einstimmung. Wenn Gottes Wort kommt, dann ist derjenige, den es erreicht, Prophet. Das sieht man nicht nur bei Amos, sondern auch bei anderen Propheten des Alten Testaments, die sich zuerst sträuben, Prophet zu werden, weil sie spüren und ahnen, mit welcher Last dies verbunden ist.

Die Hirten, die auf den Feldern von Betlehem Nachtwache hielten, werden durch die Botschaft, die der Engel ihnen bringt, ganz einfach zu Propheten. Sie werden von ihren Herden weggeholt. In Betlehem angekommen, finden sie das Kind in der Krippe, wie angekündigt. Dort erzählen sie, was ihnen über dieses Kind gesagt worden war (Lk 2,17). Dabei wird der prophetische Auftrag der Hirten für ganz Israel erkennbar; denn der Evangelist Lukas sagt, daß alle die es hörten, über die Worte der Hirten staunten (Lk 2,18). Der Evangelist berichtet nicht, wer denn dort noch im Stall zugegen war, als die Hirten ankamen. Ihm kommt es vielmehr darauf an, daß die Botschaft, die die Hirten zu verkünden haben, die Menschen erreicht, und dazu verwendet er den Ausdruck »staunen/wundern«, weil sie nicht nur einfach etwas hören, sondern das Gehörte sie zutiefst bewegt und berührt.

Maria versteht

An Maria, die im Lukasevangelium durch die Verkündigung des Engels Gabriel schon um die Besonderheit ihres Kindes weiß (Lk 1,26-38), verdeutlicht Lukas bei den Worten der Hirten, was *Verstehen* wirklich heißt. »Maria bewahrte die Worte in ihrem Herzen und dachte darüber nach«, so oder ähnlich liest man es in den meisten deutschen Übersetzungen. Wörtlich heißt es an der Stelle, daß Maria alles zusammen hütete und die Worte in ihrem Herzen zusammenfügte. Die so umschriebene Art des Verstehens hat etwas von einem Puzzle. Man sammelt die Teile, ordnet sie und setzt sie zusammen. Erst dann, wenn alle Teile an ihrem Platz sind, läßt sich der Sinn des ganzen Bildes erkennen. Maria bringt das, was sie von den Hirten hört, mit dem zusammen, was sie zuvor von dem Engel selbst gehört hatte, sie setzt die Dinge zusammen und versteht auf diese Weise.

Gibt der Evangelist uns nicht hier auch gleich zu Anfang einen Schlüssel zum Verständnis der Jesusüberlieferung an die Hand? Muß man nicht erst eine Menge sammeln, um dann alles zu einem einzigen Bild zusammensetzen zu können? Müssen wir in diesem Sinne als Christen nicht die Bibel Israels, unser Altes Testament, sehr genau kennen, um es mit der Verkündigung Jesu Christi zusammenzubringen, und um dann zu verstehen, was Gott durch seine ganze Geschichte mit den Menschen hindurch von uns heute will? Deutet Lukas mit seinem Hinweis auf das Verstehen Marias nicht auch schon auf ein Verständnis der späteren neutestamentlichen Botschaft hin, die nicht als neue oder andere gegenüber der des Alten Testaments steht, sondern sich als weitere Teile im großen Puzzle Gottes erweist, die es aber an der richtigen Stellen einzusetzen gilt?

Durch die Brille der Propheten betrachtet

Die Hirten haben ihren prophetischen Auftrag erfüllt. Wie Amos, der für kurze Zeit von den Herden wegberufen wurde, um als Prophet aufzutreten, können auch sie nun zu ihren Herden zurückkehren, war doch alles so gewesen, »wie es zu ihnen gesagt worden war« (Lk 2,20). Dieser Schluß, den Lukas unter die Geschichte von den Hirten setzt, unterstreicht das Prophetische ihres Auftretens an der Krippe; denn daß das Angekündigte auch wirklich entsprechend eintrifft, ist ein wichtiger Punkt innerhalb der biblischen Überlieferung, um zwischen wahrer und falscher Prophetie zu unterscheiden. So heißt es z.B. im Buch Deuteronomium: »Wenn du aber in deinem Herzen sprichst: Wie können wir die Rede erkennen, die der HERR nicht gesprochen hat? Was ein Prophet im Namen des HERRN spricht, und es geschieht nicht und trifft nicht ein, das ist etwas, was der HERR nicht gesprochen hat. Der Prophet hat in Vermessenheit gesprochen, du brauchst dich davor nicht zu fürchten« (18,21-22).

Lukas greift mit dieser Geschichte von den Hirten, die als Propheten auftreten, etwas für das Christentum ganz Zentrales auf. Er läßt uns als Leser und Hörer seines Evangeliums gleich zu Beginn erkennen, daß die Christusbotschaft nichts völlig Neues, vom Himmel Gefallenes, ist, sondern daß sie ihren Grund in Gottes Offenbarung an Israel hat.

Später wird das Prophetische insgesamt sogar zum Schlüssel für das Verstehen des Alten Testaments bei den Christen. Äußerlich läßt sich dies allein schon daran erkennen, daß in der christlichen Bibel die Prophetenbücher am Ende des Alten Testamentes, also unmittelbar vor dem Neuen Testament stehen, wohingegen sie in der Jüdischen Bibel in der Mitte zu finden sind, im direkten Anschluß an die Bücher der Tora (Genesis bis Deuteronomium). Nach jüdischem Verständnis gehören zu den »Propheten« auch die Bücher Josua, Richter, die Samuel-Bücher und die Bücher der Könige, weil sie Erzählungen von Propheten enthalten (z.B. von Samuel, Nathan, Elija oder Elischa) und auch in prophetischem Geist geschrieben sind.

Die im Christentum zu beobachtende prophetische Perspektive, die zuerst große Teile der Bibel Israels als Prophetie auffaßt, später dann fast das Ganze, ist allerdings keine christliche Erfindung. In der Zeit um Jesu Geburt gibt es wohl mehrere jüdische Gruppen, die das Ende der Zeiten, bzw. den Anbruch der Gottesherrschaft erwarten, erhoffen oder befürchten und deshalb ihre Heilige Schrift, die Bibel Israels, als prophetische Weissagung auf das Ende hin lesen.

Deutliche Beispiele dafür lassen sich in den Schriften finden, die man seit 1947 in den Höhlen von Qumran am Toten Meer entdeckte. Hier gibt es nicht nur Kommentare, die in einer Versfür-Vers-Auslegung die bekannten Prophetenbücher auf die Jetztzeit der dort lebenden Gemeinschaft anwenden, sondern in zahlreichen Fragmenten aus der Höhle 4 finden sich messianische Erwartungen, die den aus dem Neuen Testament bekannten sehr nahestehen. So liest man in einem Fragment sogar eine Formulierung wie in Lk 1,32, die vom »Sohn des Höchsten« (4Q 246) spricht. Diese messianischen Texte und Formulierungen weisen aber nicht auf eine Gleichsetzung oder Abhängigkeit von Christentum und den Verfassern der Qumranschriften, sondern eher und mehr auf die geistigen und geistlichen Strömungen im Judentum dieser Zeit hin. Die Nähe oder auch das gemeinsame Gedankengut ergibt sich nämlich oft wie von selbst, weil all diese Gruppen im Judentum dieselbe Heilige Schrift haben. Auch die Christen haben ja lange – bis ins 3. Jahrhundert – als Heilige Schrift nur die Bibel Israels anerkannt, haben diese aber mehr und mehr aus der Perspektive des Prophetischen gelesen, während die Hauptströmungen des Judentums sie vom Zentrum der Offenbarung, der Tora, her verstanden haben. Wenn der Hebräerbrief gleich zu Anfang davon spricht, daß Gott viele Male und auf vielerlei Weise einst zu den Vätern gesprochen habe durch die Propheten (Hebr 1,1), dann wird hier die christliche Betrachtung des Alten Testaments als Prophetie ganz deutlich greifbar, weil die angesprochene Vielfalt der Offenbarungen bewußt über den engen Raum der Prophetenbücher hinausgreift.

Lukas steht mit seiner Weihnachtsgeschichte also ganz im Sog dieser prophetischen Sichtweise der Bibel Israels, ja, er bereitet sie sogar in ihrer spezifischen christlichen Ausprägung mit vor.

Sind denn die Hirten, von denen Lukas erzählt, für ihn die ersten Christen? Bekennen sie sich schon zu diesem Jesus als dem Christus, dem Messias Israels? Davon weiß er nichts zu berichten. Zuerst einmal steht fest, daß die Hirten einfach in ihr bisheriges Leben zurückkehren, wie jener Amos. Sie sind eben nicht Christen geworden, sondern Propheten! Sie stehen somit in der Reihe der Propheten Israels.

Über die Hinweise auf Amos richtet sich unser Blick darauf, daß Gott nichts tut, ohne es zuvor durch Propheten kundzutun (vgl. Am 3,7). Und die Hirten als Propheten führen zu den Propheten Israels. Dies bedeutet, daß sie die Leser und Hörer des Evangeliums auf das Alte Testament verweisen; denn im Sinne der Zeit wird das gesamte Alte Testament – wie eben gesehen – weitgehend als Prophetie betrachtet.

Die Verbindung zwischen Hirt und Prophet hat man wohl früh schon bemerkt. Anders ist es kaum zu erklären, daß auf den ältesten Darstellungen der Geburt Christi Hirt und Prophet als deutende Repräsentanten zu finden sind, wie beispielsweise der Ausschnitt aus einem Sarkophagdeckel aus der zweiten Hälfte des 4. Jhs. zeigt, wo neben Ochs und Esel an der Krippe ein Hirt, am Stab zu erkennen, und ein Prophet, mit der Schriftrolle in Händen, zu finden sind.

Die Geschichte der Hirten von Betlehem läßt folglich keinen Zweifel mehr daran, daß die Christen die Bibel Israels, ihr Altes Testament, lesen *müssen*, um die Christusbotschaft zu verstehen, und dies im wahrsten Sinn des Wortes von Anfang an.

Die Botschaft von Israels bleibender Erwählung

Die Hirten selbst und die Botschaft, die ihnen zuteil geworden ist, streichen nochmals heraus, daß es um Israels Erwählung geht, nicht um eine neue Religion, die durch Jesus gegründet werden sollte. Die Hirten, die im Sinne der lukanischen Geschichte natürlich Juden sind, sollen und müssen nicht ihr Judentum aufgeben und Christen werden, so wie es die zur Macht gekommenen Christen späterer Zeiten allzuoft von ihren jüdischen Mitbürgern verlangten. – Hätten sie da doch nur die Hirten an der Krippe genauer betrachtet!

Der Engel hatte ihnen doch klar gesagt, daß es eine große Freude für das ganze Volk, also Israel, sei. Lukas, der ja nach Ostern, sozusagen im Lichte der Auferstehung, sein Evangelium schreibt, weiß und will natürlich auch, daß die Hörer der Frohbotschaft nicht wie die Hirten einfach zurückkehren in ihren Alltag, sondern zum Glauben an diesen Jesus, den Christus, finden. Doch die Hirten sind gerade auch hier Vorbild, weil sie der Botschaft, die sie ereilte, folgten, sie wurden – wenn auch nur für kurze Zeit – zu Propheten. Wie Amos haben sie dem Wort Gottes, das sie traf, nicht widerstehen können. So verdeutlichen sie uns die bleibende Erwählung Israels und mahnen uns, die wir uns zu Jesus Christus bekennen, dies nicht aus den Augen zu verlieren. Denn unsere Teilhabe an Israels Erwählung, wie sie in der Weihnachtsgeschichte des Lukas beschrieben wird, fordert auch von uns Rechenschaft über unseren Glauben. Dies macht uns auch das Amoswort deutlich, auf das uns die Hirtengeschichte des Lukas gestoßen hat, denn es wird vom Gedanken von Erwählung und Rechenschaft eingeleitet:

»Hört dieses Wort, das der HERR über euch, Söhne Israels und über das ganze Geschlecht, das ich aus dem Land Ägypten heraufgeführt habe, gesprochen hat: Nur euch alleine habe ich auserwählt aus allen Geschlechtern der Erde, darum werde ich euch zur Rechenschaft ziehen, bei allem was ihr euch zu Schulden kommen lasset.«

Für Amos wie für die Hirten von Betlehem steht fest, daß man Prophet werden muß, wenn Gottes Wort kommt.

Und was werden wir, die wir die Hirten an der Krippe betrachten, im Angesicht des fleischgewordenen Gotteswortes? Neue, von diesem Wort angesprochene Menschen oder von der Hirtenidylle Gerührte, die sich dem Weihnachtstreiben zuwenden?

Du sollst Dir keine Krippe machen!

Wer aus der Hektik einer modernen Großstadt heraus in eine Kirche tritt, erlebt diesen Raum schnell durch das gedämpfte Licht und die Ruhe als Gegenwelt zum Treiben auf der Straße. Ein Künstler, der für solch einen Raum ein Bild gestalten sollte, nahm vor einigen Jahren dadurch diesen Gedanken der Gegenwelt auf, daß er sich überlegte, eine »Bilder-Schutzzone« gegen die visuelle Überflutung unserer Multimediawelt zu schaffen. Um dies zu realisieren, knüpfte er an das biblische Bilderverbot »Du sollst Dir kein Bildnis machen ...!« (Ex 20,4; Dtn 5,8) an. Da aber der Kirchenraum anders als eine Galerie oder ein Museum nicht leersteht und darauf wartet, mit Bildern gefüllt zu werden, sondern Versammlungsraum einer Gemeinschaft ist, sollte die Gemeinde auch ein »Meinungs-Bild« dazu beitragen. Dies tat sie, indem sie Menschen des öffentlichen Lebens danach befragte, was für sie das alttestamentliche Gebot »Du sollst Dir kein Bildnis machen ...« heute noch bedeute. Eine der Antworten darauf war eine Frage: »Wenn ich mir von Gott kein Bild machen darf, darf ich dann an Weihnachten eine Krippe aufstellen?« (Katharina Schwamborn)

Ebenbild des unsichtbaren Gottes

In den ersten Jahrhunderten der Geschichte des Christentums hätte man auf diese Frage sicherlich mit einem Nein geantwortet. Gott war für die frühen Christen nicht darzustellen, weil er größer und anders ist als alles, was Menschen sich vorstellen können. Und selbst wenn man versucht, ihn abzubilden, dann verehrt man in dem geschaffenen Bild schließlich doch etwas von Gott ganz Fernes, das Materielle nämlich, den Glanz und Wert des Bildes oder die künstlerische Fertigkeit, die das Bild gestaltet hat. So hat das frühe Christentum an der Grundbedeutung des sogenannten zweiten der Zehn Gebote streng festgehalten. Und auch als einige aufstanden und argumentierten, daß Gott in Jesus doch Mensch geworden sei, so daß man zwar kein Gottesbild machen dürfe, aber die in Jesus sichtbar gewordene menschliche Gestalt Gottes doch auch in der Gestalt eines Menschen dargestellt werden könne, hielten andere entgegen, daß dann aber die Gottheit Jesu unterschlagen würde, weil ja eben nur seine Menschheit bildlich darzustellen möglich sei.

Man hat es sich im frühen Christentum also nicht leicht gemacht mit den Bildern, und nur langsam hat man dann Abbildungen von Jesus zugelassen, weil er als Mensch sozusagen die einzig sichtbare Gestalt Gottes ist, wie es auch im Kolosserhymnus heißt: »Er ist das Ebenbild des unsichtbaren Gottes« (Kol 1,15). Deshalb findet man in der Folgezeit in der christlichen Kunst das Christusbild in alttestamentlichen Szenen, denn die Gottesdarstellung selbst blieb bis ins hohe Mittelalter aus der christlichen Kunst verbannt. Erst als man daran ging, die Sätze des christlichen Glaubensbekenntnisses in Bildern darzustellen, reichte das Christusbild alleine nicht mehr aus. Das Beziehungsverhältnis von Vater und Sohn wurde im Bild zuerst so dargestellt, daß dieselbe Gestalt als alter und junger Mann zu sehen war.

Ein Mensch in der Krippe

So mag es gar nicht wundern, daß das Christentum lange Zeit die Weihnachtskrippe nicht kannte. Der Brauch, Figurenkrippen herzustellen und zur Anschauung und Andacht an Weihnachten aufzustellen, findet sich erst im Mittelalter. Einer kleinen Geschichte zufolge soll an Weihnachten 1223 Franz von Assisi die Menschen der italienischen Stadt Greccio aus der Stadt heraus zu einem Stall geführt haben, wo lebendige Menschen und Tiere das Weihnachtsevangelium darstellten, um so das Besondere der »Menschwerdung« Gottes begreifbar zu machen. Aus diesem Gedanken der Veranschaulichung hat sich dann die reiche Tradition der Weihnachtskrippe und ebenso der Krippenspiele entwickelt.

Natürlich hat es zuvor schon bildliche Darstellungen der Geburt Christi gegeben, denn sobald man einmal angefangen hatte, Szenen aus dem Leben Jesu darzustellen, gehörte das Bild vom Kind in der Krippe und vom Stall in Betlehem wie selbstverständlich als Anfangspunkt dieser Lebensgeschichte Jesu mit dazu.

Für die Ausgestaltung der Szene war und ist man fast ausschließlich auf die Kindheitsgeschichte bei Lukas verwiesen, denn die Evangelisten Markus und Johannes berichten nichts über Jesu Geburt und Kindheit, und Matthäus nennt das Faktum der Geburt nur kurz in einem Satz, bevor er die Geschichte vom Besuch der drei Weisen folgen läßt. Lukas erzählt uns etwas mehr davon, warum Jesus in Betlehem geboren wird, und daß er in einem Stall zur Welt kommt und in eine Futterkrippe gelegt wird – »weil in der Herberge kein Platz für sie war« (Lk 2,7) –, und er erzählt von den Hirten, die von einem Engel den Hinweis auf »das Kind in der Krippe« bekommen. Alles weitere, was man für eine Krippendarstellung so gerne wüßte, sucht man auch bei Lukas vergeblich.

Waren andere Menschen, die auch keinen Platz mehr in der Herberge gefunden hatten, mit in dieser Notunterkunft? Waren sie zwischen den Tieren untergebracht oder handelte es sich um einen leerstehenden Stall? Wo lag der Stall, irgendwo an den Weiden oder im Dorf direkt bei der Herberge? – Matthäus spricht nur von einem Haus, in dem die Sterndeuter das Kind und seine Mutter finden. War es ein niedriger Schaf- und Ziegenstall oder ein geräumigerer zum Unterstellen von Großvieh?

Nichts von all' dem erfahren wir im Neuen Testament, und gerade deshalb verwundert es, daß lange bevor die Schafe der Hirten auf den Weihnachtsdarstellungen zu sehen sind, *Ochs und Esel* auf keinem dieser Bilder fehlen. Fast hat man den Eindruck, als hätte irgendwer noch etwas gewußt von diesem Ochsen oder Esel, was die Evangelisten schon nicht mehr kannten oder übersehen haben. Sucht man nach dieser scheinbar verlorengegangenen Überlieferung vom Ochs und Esel an der Krippe, dann wird es geradezu spannend. Denn man findet keine Geschichte und keinen Hinweis darauf, daß irgendwer von irgendwem

 noch eine Erinnerung an Ochs und Esel erhalten hat, aber was man findet sind die ältesten bildlichen Darstellungen der Weihnachtsbotschaft im Christentum. Und die haben nicht – wie man erwartet – Maria und Josef und das Kind in der Krippe, sondern die haben nur das Kind in der Krippe, gerahmt – von Ochs und Esel!

Ein seltsames Ensemble bildet dieser Säugling mit Ochs und Esel, so ganz unwirklich und unnatürlich. Wer so etwas darstellt und Maria und Josef, die nun wirklich ins Zentrum gehören und im Evangelium schließlich auch erwähnt sind, einfach wegläßt, um das Ganze auf Ochs, Esel und das Kind zu reduzieren, der kann nicht irgendeine besondere Erinnerung an die Verhältnisse bei der Geburt Jesu darstellen wollen. Wer so etwas darstellt, will den Betrachtern seines Bildes wohl etwas anderes sagen.

Zwischen Ochs und Esel

Erkennt man erst einmal, daß es hier nicht um eine Abbildung der realen Verhältnisse nach der Geburt des Kindes geht und hier nicht das erste Bild des Neugeborenen für das Familienalbum vorliegt, dann führen uns die einzelnen Elemente des Bildes schnell zu dem, was der Künstler sagen wollte. Ausgangspunkt dieser Komposition ist das dreimal in der lukanischen Kindheitsgeschichte vorkommende Stichwort »Krippe« (2,7.12.16), das schon die Kirchenväter zu einer Verbindung mit Jes 1,3 geführt hat. Dort heißt es: »Der Ochse kennt seinen Besitzer und der Esel die Krippe seines Herrn.«

Die ältesten christlichen Weihnachtsbilder greifen also auf diese Auslegung zurück und stellen sozusagen durch Ochs und Esel und die Krippe mit dem Kind der Weihnachtsbotschaft eine alttestamentliche Bibelstelle an die Seite, um so aus dem Ganzen der Heiligen Schrift das Weihnachtsereignis zu interpretieren. Unter den Auslegungen der Kirchenväter zu dieser Jesajastelle findet man die Deutung, daß Ochs und Esel für die Kirche aus Juden und Heiden stehen, die ihren Herrn in der Krippe erkennen, während Israel ihn nicht erkennt, worauf der bei Jesaja folgende Vers anspielt. Es begegnen dann auch weitergehende Deutungen, die Ochs und Esel als reines und unreines Tier auf Israel und die Kirche beziehen, und Deutungen, die die Stelle aus Jesaja in Verbindung bringen mit dem lateinischen Text von Hab 3,2, wo es heißt: »Inmitten zweier Lebewesen wirst du erkannt werden.« Die Stelle aus Hab 3,2 spielt auch eine besondere Rolle in der Karfreitagsliturgie zur Deutung des Todes Jesu zwischen den beiden Schächern, so daß hier durch die Verbindung von Ochs und Esel und den beiden Lebewesen ein Bogen zwischen Geburt und Tod Jesu geschlagen wird.

Doch muß man bei den frühchristlichen Bildern, die durch Ochs und Esel Jes 1,3 in die Weihnachtsgeschichte hineinbringen, nicht vorschnell die Deutung auf die eine oder andere Auslegung der Kirchenväter beschränken. Es geht vielmehr um ein grundsätzliches Deutungsangebot, eine Spur, die gelegt wird, um die Geburt Christi aus der Heilsgeschichte heraus zu verstehen. Der Betrachter soll dabei natürlich nicht im Sinne einer modernen Bibelkundeprüfung die alttestamentliche Bibelstelle nennen, die dort dargestellt ist, sondern er muß diese Stelle in ihrem Kontext als Hintergrund »einspielen«, um das zu verstehen, was sich mit und bei der Geburt Jesu ereignet. So soll die Weihnachtsbotschaft ihre Bedeutung für den Einzelnen entfalten können.

Der zitierte Vers mit Ochs und Esel steht ganz am Anfang des Jesajabuches und eröffnet nicht nur den ersten Weheruf und die Gerichtsbotschaft des ersten Kapitels, sondern geradezu das ganze Prophetenbuch:

> »*Hört zu, Himmel; lausche auf, Erde,*
> *ja, der HERR hat gesprochen:*
> *Söhne habe ich aufgezogen und großgemacht,*
> *sie aber, sie haben mit mir gebrochen.*
> *Es kennt der Ochse seinen Besitzer*
> *und der Esel die Krippe seines Herrn.*
> *Israel aber erkennt nicht,*
> *mein Volk zeigt sich unwissend*« *(Jes 1,2-3).*

Der Höraufruf, der als rhetorische Floskel schnell überlesen wird, entpuppt sich als höchst bedeutsam; denn an den Himmel und die Erde gerichtet, stellt er heraus, daß das dann angesprochene Verhältnis Israels zu seinem Gott im wahrsten Sinn des Wortes globale Bedeutung hat. Es ist keine Angelegenheit, die Gott still im Verborgenen mit seinem Volk aushandeln will, nein, was hier von Gott angesprochen wird, ist weltbewegend, berührt und betrifft weit über Israel hinaus. Kurz und knapp im Bild von Vater und Söhnen stellt der Gottesspruch die Situation dar. Gott hat wahrlich etwas gemacht aus Israel, er hat sie wie Söhne »großgemacht und hoch erhoben«, wie es wörtlich im Text heißt. Wenn dem schließlich so kraß gegenübergestellt wird, daß sie als Reaktion aber mit ihm gebrochen haben, dann klingt es zuerst allzu menschlich, wie der Vorwurf eines enttäuschten und verärgerten Vaters, dessen Kinder sich in seinen

Augen undankbar erweisen, wenn sie andere Wege gehen als er ihnen vorgezeichnet hat. Doch daß es darum gerade nicht geht, sondern nur um eine Zustandsbeschreibung, zeigt das unmittelbar angefügte Bild aus der Tierwelt. Das Bild greift nicht auf die fälschlich erwartete notwendige Dankbarkeit oder den geforderten Gehorsam hin, sondern auf die Selbstverständlichkeit, mit der die Tiere ihren Besitzer und Ernährer annehmen.

Befreit und erwählt

Zu wissen, wo man hingehört, was und wer einen am Leben erhält, das scheint die einfachste und natürlichste Sache der Welt zu sein, die selbst den Tieren, die doch ohne Verstand sind, eigen ist. Insofern ist es geradezu verwunderlich, daß Israel dies nicht erkennt und in seinem Verhalten an den Tag legt, daß es nicht zu unterscheiden vermag – so die wörtliche Übersetzung von »sich unwissend zeigen« – zwischen dem, was es bekommen hat, und dem, was es selbst tut.

Das ganze Wort läuft also darauf hinaus, daß Gott geradezu kopfschüttelnd vor dem Verhalten Israels steht. Israels Lebenspraxis ist völlig unverständlich, weil der Bruch mit Gott einem widernatürlichen Sich-selbst-Abschneiden vom Leben gleichkommt. Würde ein Ochse oder ein Esel jemals in vergleichbarer Weise sich seinem hingestellten Futter verweigern?

Was Gott getan hat, als er »Söhne großmachte und hoch erhob«, läßt sich kurz zusammenfassen in der Befreiungstat des Exodus und der Erwählung Israels zum Volk Gottes, weshalb auch hier am Ende des Spruchs Gott betont Israel »mein Volk« nennt. Gerade letzteres führt zum Ausgangspunkt dieser Rede zurück, daß nämlich das, was hier angesprochen ist, die ganze Welt angeht. Denn die Erwählung Israels ist im Verständnis der Bibel kein Privileg, das Israel in eine geschützte Sonderstellung gegenüber allen anderen Völkern bringen würde, sondern ein Anspruch an Israel, eine Aufgabe, weil alle anderen Völker durch dieses erwählte Volk den einen und einzigen Gott kennenlernen sollen. An Israel und seinem Verhalten soll die Welt Gott erkennen können. Hier steckt das Dilemma, auf das Jesaja am Anfang seiner ganzen Verkündigung hinweist. Wenn Israel seinen Auftrag und seine Aufgabe nicht mehr sieht, seinen eigenen Ursprung als erwähltes Volk verkennt, dann durchtrennt es nicht nur für sich selbst die Verbindung zum Leben, sondern die natürliche Ordnung, die Gottes Ordnung ist, droht aus den Fugen zu geraten. In der Erwählung Israels hat Gott sich so weit in die Hände der Menschen gegeben, daß er nicht mehr bei den Menschen anzukommen vermag, wenn Israel sich trennt und sein will wie alle Völker!

Der ganze Spruch ist also nur indirekt eine Anklage an Israel; zuerst einmal ist er ein Appell an die ganze Welt zu erkennen, welche Bedeutung die Erwählung Israels für sie hat. Dies allein führt zur Begegnung mit dem Gott, der befreit und erwählt und so Leben schenkt und erhält.

Kehren wir von diesem Hintergrund des Jesajawortes zurück zu den frühchristlichen Weihnachtsbildern, spüren wir schnell, mit wieviel Fragen uns das so vertraute und anheimelnd wirkende Bild vom Kind in der Krippe mit Ochs und Esel konfrontiert.

Erkennen wir mit derselben Einfachheit und Selbstverständlichkeit, ja Naturnotwendigkeit, wie das Tier seinem Besitzer und seinem Futtertrog zugewandt ist, wem wir im Kind in der Krippe begegnen? Verstehen wir eigentlich, daß es der Gott ist, der Israel befreit und erwählt hat, der sich uns hier zuwendet?

Der Besitzer, der Herr der Krippe, den Ochs und Esel kennen, das ist für die Christen der Gott Israels und die Krippe selbst, der Futtertrog, das kann für sie nur die Bibel Israels, das sogenannte Alte Testament, sein. Das Bild von der Krippe mit Ochs und Esel tritt also ganz deutlich für die oft im Christentum verkannte Kontinuität zwischen Altem und Neuem Bund ein, die ihren Grund in der Kontinuität des Handelns Gottes hat. Die Unverständlichkeit des Verhalten Israels, von der das Jesajawort spricht, überträgt sich also im frühchristlichen Weihnachtsbild wie von selbst auf die Christen, die diese Kontinuität nicht erkennen wollen oder können. Markion, der Häretiker der frühen Kirche, der glaubte, zwischen dem Gott des Alten und des Neuen Testaments trennen zu müssen, weil der eine ein Gott der Rache und der andere ein Gott der Barmherzigkeit sei, ist ein Beispiel aus der frühen Kirche für das, wogegen sich solch ein Weihnachtsbild wendet.

Das Kind in der Krippe mit Ochs und Esel ist also eigentlich weit entfernt von einer bloßen Darstellung der Geburt Christi. Es ist ein Bildprogramm, das tiefe theologische Zusammenhänge ausleuchtet, um so Weihnachten erst in seiner Bedeutung für die Christen verständlich zu machen.

Ein solches Weihnachtsbild stellt eine viel tiefsinnigere Aktualisierung der biblischen Botschaft dar, als unsere oft so platten Fragen: »Und was bedeutet das für mich?« Das Bild mit Ochs und Esel an der Krippe fragt nicht lange, sondern stellt uns als Betrachter unmittelbar in das Geschehen hinein. Das Bild befragt uns: Wie hältst du es denn mit dem sogenannten Alten Bund? Erkennst du den Befreier Israels in diesem Kind in der Krippe? Erahnst du, was es bedeutet, daß »der HERR gesprochen hat«?

Der heilige Hieronymus hat die Fragen, die unser Weihnachtsbild aufwirft in einen kurzen Spruch gefaßt: »Die Schrift nicht kennen heißt Christus nicht kennen!«

Allzu schnell und allzu oft haben Christen diesen Spruch mißverstanden und verharmlost, indem sie ihn auf das Neue Testament bezogen haben, so als meine Hieronymus, daß derjenige, der das Neue Testament nicht kennt, auch nichts von Jesus, dem Christus, wissen könne. Doch so simpel und trivial hat Hieronymus nicht gedacht. Die Schrift, das ist für seine Zeit die Bibel Israels, das spätere Alte Testament der Christen. Nur wer dies kennt, kann im Verständnis des Hieronymus auch Christus erkennen, weil nur von der Schrift her zu erkennen ist, daß von der Geburt Jesu bis zu seinem Tod und seiner Auferstehung sich der Gott Israels offenbart.

Für wen aber haltet ihr mich?

Manchmal stelle ich mir eine Kirchengemeinde vor – oder wünsche sie mir –, die von ihrer Weihnachtskrippe einmal nur Ochs und Esel und das Kind in der Krippe aufstellt ... Und der Pfarrer würde als Weihnachtsbotschaft all die Fragen, die dieses Krippenkind uns stellt, an die vermutlich irritierte Gemeinde weitergeben: Für wen aber haltet ihr mich? Wem begegnet ihr in mir? Kennt ihr die Söhne, die mein himmlischer Vater aufgezogen und großgemacht hat? Wißt ihr, daß ich in der Krippe liege, damit ihr versteht, daß Gott euch durch Israel schon etwas gesagt hat und euer Altes Testament euch Nahrung und Leben geben soll?

Die Antworten auf diese Fragen, die jeder sich nur selbst geben kann, führen ins Zentrum dessen, was Weihnachten ist: Gottes Begegnung. Was sonst folgt aus der Menschwerdung Gottes?

Diese Begegnung bildlich darzustellen, würde auch niemals gegen das biblische Bilderverbot verstoßen, denn es ginge ja nicht um eine bildliche Darstellung Gottes, die dann auch noch verehrt wird, sondern einzig um den Hinweis auf den Anfang des Christusereignisses.

Ein klein wenig von dem alten Weihnachtsbild, das auf etwas Großes hinweisen will, haben wir selbst bei den großen Krippenlandschaften mit unzähligen Figuren noch erhalten. Wir nennen die größte Szenerie von den weitläufigen Hirtenfeldern oder den schon im Morgenland aufbrechenden Weisen bis hin zur kleinsten Darstellung der heiligen Familie ganz schlicht und einfach »Krippe«. Wir nehmen also gerade das Wort als Bezeichnung für das Ganze heraus, das den Kirchenvätern als Stichwortaufnahme für die Verbindung zwischen Altem und Neuem Testament zur Deutung der Weihnachtsbotschaft diente.

Könnte nicht gerade an Weihnachten das biblische Bilderverbot für uns einen neuen Sinn bekommen? Denn gerade dann, wenn Gott in Erscheinung tritt, menschlich sichtbar wird, wird auch begreifbar, daß wir Bilder sehen lernen müssen.

Josef, was träumst du?

Treu und brav hat die christliche Frömmigkeit jenen Josef, den Mann Marias, immer dargestellt, und um die Jungfräulichkeit Marias ins Bild zu setzen, hat die christliche Kunst ihn oft sogar methusalemartig auf einen Stock gestützt neben die blutjunge Maria gestellt. Vielleicht ist dies aber auch nur Folge davon, daß wir recht wenig über diesen Josef wissen, denn das, was die Evangelisten – und hier auch nur Matthäus und Lukas – über ihn berichten, ist mehr als spärlich. Was hat dann aber zu diesem eigentümlichen Josefs-Bild geführt? Ist es der Hinweis bei Matthäus, daß Josef gerecht war und sich deshalb von Maria in aller Stille trennen wollte? Oder ist es das widerspruchslose Gehorchen auf die im Traum gehörte Stimme des Engels, die diesen Josef hat so farblos werden lassen, eben nur zum ausführenden Organ göttlicher Befehle? Vielleicht schlummert aber gerade hier, bei den Träumen des Josef, das tiefe Mißverständnis, das zu jenem Bild geführt hat.

Mehrfach spricht in den ersten beiden Kapiteln des Matthäusevangeliums ein Engel des Herrn im Traum zu Josef (Mt 1,20; 2,13.19). Und immer tut Josef exakt das, was ihm im Traum befohlen wird. Er nimmt Maria zur Frau, nennt das geborene Kind Jesus, flieht vor Herodes nach Ägypten und kehrt nach dessen Tod zurück. Und selbst noch bei der Frage, wo er sich nach der Rückkehr niederlassen soll, bedarf es eines Befehls im Traum, um nach Nazaret zu gehen. Der einzige Entschluß, den Josef in der matthäischen Kindheitsgeschichte selbst faßt, nämlich Maria zu verlassen (Mt 1,19), ist im Sinne des

Evangelisten falsch und korrekturbedürftig, was dann ja auch unmittelbar durch den Engel im Traum geschieht.

Träume nur Schäume?

Aber ist dem Evangelisten, der so entscheidende Weichenstellungen seiner Geschichte geradezu im Traum geschehen läßt, denn gar nicht bewußt, daß dieses Medium, der Traum, schon im Alten Testament sehr skeptisch und kritisch betrachtet wird? So weist beispielsweise Jeremia darauf hin, daß Propheten auftreten und damit prahlen, daß sie einen Traum gehabt haben, dem Gott aber selbst entgegensetzt »der Prophet, der einen Traum hat, erzählt eben einen Traum« (Jer 23,28), und das Ijobbuch räumt zwar ein, daß es Gott ist, der sich im Traum dem Menschen zuwendet, allerdings betont es einen ganz anderen Aspekt dieser Träume als das Matthäusevangelium oder das Jeremiazitat: »Auf die eine oder andere Weise spricht Gott, doch man bemerkt es nicht. Im Traum, im Nachtgesicht, wenn der Mensch in tiefen Schlaf sinkt, im Schlummer auf dem Lager. Dann öffnet er das Ohr der Menschen und schreckt sie auf durch Warnzeichen, um von seinem Tun den Menschen abzubringen, den Hochmut aus dem Mann auszutreiben, seine Seele vor der Unterwelt zu retten, sein Leben davor, ins Grab hinabzusteigen. Er wird gemahnt durch Schmerz auf seinem Lager und ständig ist Kampf in seinen Gliedern« (Ijob 33,14-19).

Hier scheint es eher um Alpträume zu gehen, so daß bei der Stimme Gottes, die hier erwähnt wird, eher an das Gewissen des Menschen zu denken ist, das sich des Nachts zu Wort meldet. Abfällig über Träume, die für ihn Sinnbild der Nichtigkeit und Vergänglichkeit alles menschlichen Lebens sind, äußert sich schließlich auch Kohelet: »Im Traum schließt man viele Geschäfte ab ...« (Koh 5,2) oder »Wo Träume sich mehren und Windhauch, da fürchte du Gott« (Koh 5,6). Das Buch Deuteronomium zu guter Letzt geht sogar soweit, dem Traumseher, der nicht in Übereinstimmung mit Israels Wortoffenbarung steht, die Todesstrafe anzudrohen (Dtn 13).

Blick in die Zukunft

Natürlich werden im Alten Testament Träume auch anders gesehen. Wer denkt da nicht gleich an die Deutung des Traumes Nebukadnezzars durch Daniel (Dan 2) oder Josefs Traumdeutung in Ägypten (Gen 40-41). Diese beiden großen Traumgeschichten des Alten Testaments zeugen von der großen Bedeutung, die die Traumdeutung im gesamten Vorderen Orient hatte, denn die Danielgeschichte spielt in Mesopotamien und die Josefsgeschichte in Ägypten. Hier wie da werden Träume verstanden als Blick in die Zukunft des Menschen, die – so erst einmal erkannt – durch entsprechende magische Rituale beeinflußt werden kann. In einem ägyptischen Text heißt es beispielsweise: »Er (der Gott) hat Heilmittel geschaffen, damit Krankheit aufhöre, und Wein, damit Kummer aufhöre. Er hat Träume geschaffen, um seinem Besitzer den Weg zu zeigen, da wo er nicht sieht. Er schuf ihm (dem Menschen), die Magie als Waffe, um den Schlag der bösen Ereignisse abzuwehren und ebenso Träume in der Nacht und am Tage.«

Doch um solche Traumbilder, die der Deutung bedürfen, geht es dem Evangelisten Matthäus in seiner Kindheitsgeschichte im Blick auf Josef ja nicht. Auch wird diesem Josef durch die Träume kein Wissen über seine Zukunft zuteil, so daß er eine Entscheidungshilfe durch den Traum bekäme. Ihm wird vielmehr im Medium des Traumes klipp und klar gesagt, was zu tun ist. Im Blick auf solche Botschaften wird dem Evangelisten die Skepsis gegenüber dem Traum aus dem Alten Testament wohl bekannt sein, doch in seiner Geschichte geht es eben nicht um Offenbarungen, die an eine Gruppe oder das ganze Volk weiterzugeben sind, wie bei den Propheten, sondern es geht einzig und allein um diesen Josef und das, was er zu tun hat. Das Hauptproblem, das die alttestamentlichen Traditionen beim Traum erkennen, ist die starke Individualität und die daraus resultierende Schwierigkeit der Vermittlung von Traumbildern und Traumbotschaften. Doch erklärt dies schon, warum der Evangelist bei Josef so geballt von Träumen spricht?

Warum muß Josef träumen?

Zwei Dinge springen bei diesen Träumen des Josef besonders in den Blick. Da ist zum einen der *Einstieg* in diese Träume, der gar nicht im Schlaf geschieht, sondern während Josef noch darüber nachdenkt, Maria zu verlassen (Mt 1,20); obgleich es am Ende der Botschaft des Engels dann heißt, daß Josef erwachte und all das tut, was der Engel ihm befohlen hat. Dann ist zum anderen zu bemerken, daß die weiteren Traumnotizen alle mit Ortswechseln zu tun haben. Zuerst von Betlehem nach Ägypten, dann von Ägypten zurück und schließlich nach Nazaret. Legt uns der Evangelist mit diesen Träumen des Josef nicht eine Spur zum Verstehen der Jesusgeschichte? Erinnert er uns nicht an einen anderen, der durch Traumbotschaften von Gottes-Mitsein auf seinem Weg erfuhr?

»*Und dann zog Jakob von Beerscheba weg und ging Richtung Haran. Er gelangte an einen Ort und übernachtete dort, denn die Sonne war schon untergegangen. Da nahm er einen von den Steinen des Ortes, legte ihn unter seinen Kopf und schlief an jenem Ort. Und dann träumte er: Siehe, eine Leiter stand auf der Erde, und ihre Spitze berührte den Himmel. Und siehe, Engel Gottes stiegen auf ihr hinauf und hinab. Und siehe, der HERR stand auf ihr und sagte: Ich bin der HERR, der Gott Abrahams, deines Vaters, und der Gott Isaaks. Das Land, auf dem du schläfst, will ich dir und deinen Nachkommen geben. Und deine Nachkommen sollen sein wie der Staub der Erde und du sollst dich ausbreiten nach Westen und Osten nach Norden und Süden, und durch dich und deine Nachkommen sollen gesegnet sein alle Geschlechter der Erde. Siehe, ich bin mit dir. Ich will dich bewahren, wohin du auch gehst und dich zurückführen in dieses Land, denn ich werde dich nicht verlassen bis ich getan habe, was ich dir gesagt habe. Da erwachte Jakob aus seinem Schlaf und sagte: Wahrhaftig, der HERR ist an diesem Ort, und ich habe es nicht gewußt. Und er fürchtete sich und sagte: Wie furchtbar ist dieser Ort, hier ist wirklich Haus Gottes, dies ist die Pforte zum Himmel. Als nun Jakob am Morgen aufgestanden war, nahm er den Stein, auf dem er gelegen hatte, und richtete ihn als Gedenkstein auf und goß Öl darüber. Und dann nannte er den Namen dieser Stätte Bet-El (Haus Gottes)*« (Gen 28,10-19).

Jakob mußte sich aufmachen, zum Bruder seiner Mutter, um dem Wunsch der Eltern entsprechend, eine Frau aus der eigenen Sippe zu nehmen. In eine für ihn ungewisse Zukunft macht er sich auf. Dabei kommt es zu dem nächtlichen Erlebnis, das für sein weiteres Leben entscheidend wird. Wie nahe Gott ist und wo er am nächsten ist, weiß auch Jakob nicht. Ein unscheinbarer Ort, ein Stein, und dann auf einmal die Gewißheit, daß Gott da ist, unausweichlich. Jakob ist ergriffen von dieser unerwarteten Gottesbegegnung. Furchterregend nennt er den Ort. Er mag spüren, daß sich sein Leben hier grundlegend ändert, daß Großes und Schweres von ihm verlangt wird. Es war nicht sein Wille, Gott so nahe zu kommen, ihm in dieser Weise zu begegnen. Nein, er wußte von dieser Nähe nichts, erst der Traum machte sie ihm klar. Solche Begegnung, tiefste Gotteserfahrung, läßt sich nicht durch menschliches Wollen und Planen erreichen, sondern ist immer Initiative Gottes.

Die späteren Erfahrungen des Volkes Israel verdichten sich vorausblickend in der Person des Jakob, dem hier angekündigt wird, daß er das Land erst verlassen muß, dann aber von Gott zurückgeführt werden wird. Und bei all dem wird Gott mit ihm sein. Jakob werden hier die an Abraham ergangenen Verheißungen von Land und Nachkommenschaft (vgl. Gen 12) erneuert. Er, der spätere Stammvater der zwölf Stämme Israels, wird zum Symbol für ganz Israel, was seinen Niederschlag darin findet, daß er, Jakob, später umbenannt wird in *Israel* (Gen 32,29; 35,10). Doch die Nähe Gottes bleibt für ihn nicht auf den Traum beschränkt, wenn auch Gottes Engel ihm im Traum Weisung gibt (Gen 31,11). Das Ergriffen- und Gepacktwerden von Gott läßt die Geschichte von Jakobs Kampf am Jabbok (Gen 32,23-33) ganz anschaulich werden.

Hier ist Gott

Im Traum erschließt sich Jakob die Bedeutung des Ortes, an dem er sich befindet. Gott bricht in Jakobs Welt ein, begegnet ihm. Uns Leser eröffnet der biblische Erzähler mit dem Traum von der Himmelsleiter die Bedeutung Jakobs für das spätere – dann nach ihm benannte – Volk Israel.

Und Josef?

Auch er lernt erst im Traum Verstehen. Natürlich weiß er, was los ist. Maria ist schwanger – nicht von ihm – und er erwägt, sie zu verlassen. Doch während er sich noch mit den Tatsachen seines Lebens beschäftigt, mit dem, was er weiß oder zu wissen meint, bricht Gottes Welt im Traum in seine Welt hinein. Eigentlich müßte er wie Jakob bekennen: Wahrlich hier ist der HERR, und ich wußte es nicht. Das spricht er zwar nicht aus, doch daß er es erkannt hat, sieht man daran, daß er widerspruchslos ausführt, was der Engel ihm aufträgt. Hatte Jakob an seiner Person das spätere Schicksal Israels vorweggenommen, nämlich das gelobte Land verlassen zu müssen, um aber wieder von Gott zurückgeführt zu werden, so wird Josef es schließlich an seiner Person nachvollziehen müssen, wenn der Engel ihn alsbald auffordert, mit Maria und dem Kind nach Ägypten zu fliehen, auch um später wieder zurückzukehren.

Kinder Israels

Daß Matthäus in dieser Geschichte wahrhaftig den Kern des israelitischen Glaubens anschlägt, den Exodus, sieht man deutlich am Schriftverweis, den er zum Abschluß in diese Geschichte einfügt: »Aus Ägypten habe ich meinen Sohn gerufen« (Mt 1,15). Dieses Zitat stammt zwar aus dem Buch Hosea (Hos 11,1), ist aber dort selbst schon wieder Rückverweis auf Israels Exodus aus Ägypten. Worauf die Jakobsgeschichte vorausblickt, schaut die Kindheitsgeschichte Jesu mit Josef zurück. Hier wie da ist es derselbe Gott, Israels Befreier, der in die Welt eintritt, um den Menschen nahe zu sein durch sein Mit-Sein. In der Botschaft des Traumes erhält Jakob die zuvor schon an Abraham ergangenen Verheißungen erneuert und wird so zum Stammvater Israels. Durch die Anspielung an eben diesen Jakob am Anfang des Matthäusevangeliums über die Person des Josef wird all denen, die sich zu Jesus, dem Christus, bekennen, ihre besondere Verbindung zu Israel und Israels Verheißungen vor Augen geführt. So wenig Josef der leibliche Vater Jesu ist, so wenig sind alle Christen leibliche Glieder des Volkes Israel; aber im Traum wird Josef sozusagen in eine geistige Vaterschaft für diesen Jesus gerufen. Sollten wir Christen da nicht durch diesen Josef unsere geistige Kindschaft entdecken, als Kinder Jakobs, Kinder Israels?

Hinter der so unscheinbaren Geschichte von Josefs Träumen steht eine gewaltige Botschaft des Evangelisten. Nur indirekt haben wir in der Erzählung von Jakobs Traum von der Himmelsleiter etwas über Jakob erfahren. Im Vordergrund steht vielmehr der Ort. Bet-El, Haus Gottes, wie es wörtlich übersetzt heißt, als Hinweis darauf, daß Gott hinabsteigt, konkret und greifbar wird in unserer menschlichen Welt.

Von Josef erfahren wir kaum etwas, aber seine Geschichte, seine Träume, machen uns als Leser des Evangeliums verständlich, daß dieser Jesus eine Himmelsleiter darstellt, Himmel und Erde berührend und verbindend. Wer Augen hat zu sehen, und Ohren zu hören, der sieht und hört gleich zu Anfang bei der Geburt Jesu die Botschaft des Evangelisten:

Wahrhaftig hier ist der HERR!

Gott ist treu

Die Botschaft bleibt zuerst noch verborgen, gleicht dem Nichtwissen Jakobs und Josefs, aber den Lesern des Evangeliums offenbart sich Stück für Stück immer mehr Gott in diesem Jesus. Der Gott Jakobs begegnet uns am Anfang der Jesusgeschichte durch die Träume Josefs. Doch es ist derselbe Gott, der sich Mose vorstellt als »Gott Abrahams, Gott Isaaks und Gott Jakobs«, und den Mose und das Volk als Befreier-Gott erfahren. In den Geschichten von Josefs Träumen erinnert Matthäus uns an diesen Gott, den wir aus den schriftgewordenen Erfahrungen der Erzväter Israels und des aus Ägypten befreiten Volkes kennen.

Nein, dies ist wahrlich ebensowenig eine fromme und nette Weihnachtsgeschichte wie Josef ein braver und still gehorchender Mann an der Seite Marias und Jesu ist. Es geht um nichts Geringeres als Gott, und Gottes Treue gegenüber Israel und Gottes Verheißungen an Israel. Mit der Botschaft seiner *Weihnachtsgeschichte* versetzt Matthäus uns geradezu an einen Ort der Gottesbegegnung. Es ist die Bibel Israels, unser Altes Testament. Dort, wo die Gotteserfahrungen und die Glaubensgeschichte der Generationen versammelt sind. Wenn wir die Botschaft des Alten Testamentes hören, dann sind wir an diesem Ort der Gottesbegegnung oft so wie Jakob in Bet-El, und wir müssen eingestehen: Wahrhaftig hier ist der HERR, und ich wußte es nicht! Gegen dieses Nichtwissen schreibt Matthäus an, weil die Geburt Jesu eine Tat des Retters Israels ist.

Der Josef an der Krippe steht für Israels Geschichte mit Gott und Israels Hoffnungen, die Matthäus schon dadurch in Erinnerung bringt, daß er eine Genealogie von Abraham bis zu Josef an den Anfang seines Evangeliums stellt.

Ist Ostern auch das höchste Fest der Christenheit und der Anfang des christlichen Glaubens, so läßt sich Weihnachten demgegenüber als Fest der Treue Gottes und unserer christlichen Israelverbundenheit verstehen. So betrachtet entdecken wir im wahrsten Sinn des Wortes im Josef, der an der Krippe steht, Jakob – Israel als Stammvater des Gottesvolkes. Und manches Lob des Psalmisten auf die Geschichte Israels liest sich dann wie ein Weihnachtslied:

»Preise den HERRN, ruft aus seinen Namen,
machet kund seine Werke unter den Völkern.
Singet ihm, spielt ihm,
erzählet all seine Wunder.
Rühmet euch in seinem heiligen Namen;
die suchen den HERRN, ihre Herzen sollen sich freuen.
Schaut auf den HERRN und schaut seine Macht,
sein Angesicht suchet immerdar.
Denket an die Wunder, die er vollbrachte,
an seine Zeichen und den Spruch seines Mundes:
Ihr Söhne Abrahams, seines Knechtes,
ihr Söhne Jakobs, seine Erwählten!
Er, der HERR, ist unser Gott,
gültig in aller Welt sind seine Gerichte.
Er gedenkt seines Bundes auf ewig,
seiner Verheißung, gewährt für tausend Geschlechter;
des Bundes, den er geschlossen mit Abraham,
des Eides, den er Isaak schwur;
den er setzte für Jakob als festen Beschluß,
zu ewigem Bündnis für Israel« (Ps 105,1-10).

Eine neue Zeit beginnt

In Deutschland und in deutscher Sprache erschienene Bücher, die als Erscheinungsdatum eine Jahreszahl über 5000 angeben .... Nein, das ist keine Science-fiction-Vision und auch kein Druckfehler, sondern ein durch die nationalsozialistische Schreckensherrschaft beendeter Teil unserer Kultur. Früher war es zumindest mehr Menschen allein durch solche Angaben in Büchern bewußt, daß ihre jüdischen Mitbürger eine andere Zeitrechnung zugrundelegten. Während die uns vertrauten Zeitangaben eigentlich immer präzisiert werden müssen durch ein *vor* oder *nach Christus*, braucht die jüdische Zeitrechnung dies nicht. Ihre Zeitangabe versteht sich von einer nachgerechneten biblischen Chronologie – seit Erschaffung der Welt – her. Dieser Rechnung zufolge befinden wir uns im Advent 1996 im Jahre 5757. Natürlich hat niemand bei der Erschaffung der Welt einen Kalender begonnen, dem dann jedes vergangene Jahr aufaddiert werden könnte. Und ebensowenig ist irgend jemand auf die Idee gekommen, unmittelbar mit der Geburt Jesu eine neue Zeitrechnung beginnen zu lassen.

Im 3. Jahrhundert unserer Zeitrechnung entwarf man erstmals eine mit der Geburt Jesu Christi beginnende Chronologie. Der vielgereiste, aus Jerusalem stammende Christ Sextus Julius Africanus entwickelte sie, nachdem er in einem groß angelegten Werk, seiner Chronographie, allgemeine Geschichtsdaten und biblische Ereignisse miteinander verbunden hatte. Doch warum, so fragt man sich, mußte überhaupt eine neue Zeitrechnung her. War die vorhandene nicht ausreichend oder nicht präzise genug?

Wer seine Jahre *nach Christi Geburt* angibt, läßt erkennen, woran er sich orientiert und unter wessen Herrschaft er steht; denn das übliche System der Zeitrechnung in der Antike war das, das sich an den Regierungsjahren der Herrscher orientierte. Dies führte unweigerlich dazu, daß mit jeder Zeitangabe auch eine Zugehörigkeit zu einer Nation oder einem Herrschaftsbereich mitgeteilt wurde. Wenn man genau hinhört, muß man also in unserer so selbstverständlich gewordenen Zeitangabe »nach Christus« ein Bekenntnis zu diesem Jesus, dem Christus, mithören. Doch anders als die Zählung nach Regierungszeiten beschränkt sich die christliche Zeitrechnung nicht auf das Leben und Wirken Jesu, sondern nimmt ihn nur als Anfangspunkt, um von dort aus alle Zeit bestimmen zu können.

Von Anfang an

Dieser Gedanke einer zusammenhängenden Zeitrechnung stammt aus der jüdischen Überlieferung, die eben versucht hat, aus den biblischen Angaben eine Zeitrechnung der gesamten Welt- und Menschheitsgeschichte zu erheben. Um zu verstehen, warum das Christentum seine eigene mit Jesus Christus beginnende Zeitrechnung konzipiert und nicht bei der mit der Erschaffung der Welt beginnenden jüdischen bleibt, muß man den Blick zurückwenden und ganz bis an den Beginn gehen, dorthin, wo die jüdische Zeitrechnung ihren Anfang nimmt, nämlich auf der ersten Seite der Bibel, in der sogenannten Schöpfungserzählung.

»Als Anfang schuf Gott den Himmel und die Erde. Die Erde aber war wüst und leer. Und Finsternis lag über der Urflut. Der Geist Gottes aber schwebte über den Wassern. Und dann sprach

Gott: Es werde Licht. Und da ward Licht. Und dann sah Gott das Licht, das gut ist! Und daraufhin schied Gott zwischen dem Licht und zwischen der Finsternis. Dann nannte Gott das Licht Tag, und die Finsternis nannte er Nacht. Und dann wurde es Abend und dann wurde es Morgen, ein Tag. (...)

Und dann vollendete Gott am siebten Tag sein Werk, das er gemacht hatte. Und er ruhte am siebten Tag von all' seinem Werk, das er gemacht hatte. Und Gott segnete den siebten Tag und heiligte ihn, denn an ihm ruhte er von seinem Werk, das er geschaffen hatte indem er es so machte« (Gen 1,1-5; 2,2-3)

Gott setzt einen Anfang. Der erste Satz dieses Textes läßt keinen Zweifel daran, daß sein Verfasser Gott als den universalen Schöpfer denkt. Gleichwohl beginnt er seine Betrachtung zu diesem Anfang nicht dort, wo spätere philosophische und theologische Traditionen solche Gedanken festzumachen suchten, bei der Erschaffung aus dem Nichts. Nein, der biblische Schriftsteller sieht die Schöpfung nicht als gigantisches Wunder, bei dem Gott die materielle Welt aus dem Nichts im wahrsten Sinne des Wortes hervorzaubert. Die moderne Frage nach dem Ursprung der Materie interessiert den biblischen Autor allem Anschein nach weniger; für ihn liegt das Wunder der Schöpfung vielmehr in einer Ordnung, einer Eigengesetzlichkeit, die wir in der Natur beobachten können, obwohl und gerade weil Gott sie in unendlicher Vorzeit so und nicht anders gewollt hat. Um die Ordnung der Schöpfung, die Gesetzmäßigkeit der Natur, in den Blick zu bekommen, beginnt der Verfasser ganz einfach mit dem Gegenteil, dem Chaos, dem *Tohuwabohu*, wie es im Hebräischen wörtlich heißt. Gleichwohl ist Un-Ordnung hier nicht so zu denken, daß einfach alles herumliegen würde und Gott lediglich aufzuräumen hätte. Nein, Gott läßt entstehen und bringt hervor. Zuallererst das Licht, wie es zu Anfang kurz und fast lapidar heißt.

Die Geburt der Zeit

Doch worum geht es eigentlich an diesem ersten Tag? Nur um hell und dunkel? Wohl kaum, denn Gott läßt nur das Licht entstehen, während die Finsternis vorgegeben ist und für den Urzustand steht. Aber es ist nicht *das* Licht, das das Leben auf der Welt bestimmt, die Sonne. Sie wird zusammen mit dem Mond und den Sternen in der Perspektive dieser Geschichte erst später geschaffen (vgl. Gen 1,14-19). An der Benennung durch Tag und Nacht erkennt man vielmehr, daß die Erschaffung des Lichtes auf etwas anderes hin abzielt, nämlich auf den Wechsel von Tag und Nacht. Dieser Wechsel von Tag und Nacht bestimmt den Zeitlauf auf der Welt, wie die abschließende Formel beim ersten Tag zeigt, die dann entsprechend an den folgenden sechs Tagen dieser Geschichte wiederkehrt.

Als Anfang von allem, so muß man wohl sagen, erschafft Gott nach der ersten Schöpfungserzählung die Zeit. Die Zeit läuft unaufhörlich, bestimmt unser ganzes Leben zwischen Werden und Vergehen. Wir sind ihr geradezu ausgesetzt, unentrinnbar in den Lauf der Zeit hineingesetzt, ohne daß wir sie beeinflussen könnten. Doch der biblische Erzähler bleibt nicht bei dieser allgemeinen Aussage zur Zeit als Grundkategorie von Welt und Mensch stehen, sondern bringt in seine *Schöpfungsordnung* eine noch weitergehende Konzeption hinein, die geradezu provoziert, weil sie eigentlich *unnatürlich* ist, hier aber als Teil der Schöpfungsordnung dargestellt wird. Es handelt sich um die Zeiteinteilung der Sieben-Tage-Woche.

Der Rhythmus der Zeit

Diese Sieben-Tage-Woche, die nach dem Grundmuster »Sechs plus Eins« gestaltet ist, hat ihren Ursprung in Israel. Sie geht mit keiner natürlichen Ordnung überein. Während das Jahr als Zeiteinteilung sich am Lauf der Sonne orientiert und somit von der Natur abgelesen werden kann, und der Monat, der sich aus der natürlichen Folge der Mondphasen ergibt, ebenso *natürlich* ist, stellt demgegenüber die Woche, wie wir sie kennen, eine willkürliche Setzung dar. Letztendlich ist sie das Produkt des Sabbat. Die Herausbildung eines alle sechs Tage wiederkehrenden Ruhetages als Identifikationsmerkmal hat in Israel zu der Besonderheit der Zeiteinteilung der Woche im Rhythmus von sechs Tagen Arbeit und einem Ruhetag geführt. Zwei ursprünglich völlig verschiedene Institutionen sind dazu zusammengeflossen: Zum einen der Rhythmus von »Sechs plus Eins«, der aus der Landbrache und ähnlichem schon in der Antike bekannt war, und zum anderen der Sabbat, der zuvor als Monatsfeiertag begegnete. Die Kombination beider hat schließlich zum Wochensabbat, d.h. zur Wiederkehr eines Sabbat nach sechs Tagen, geführt und damit indirekt zur Zeiteinteilung der Woche, die uns heute schon so selbstverständlich ist, als sei sie eine natürliche Ordnung. Genau darauf hat der biblische Erzähler ja auch abgezielt als er seiner Darstellung der Schöpfung das Sieben-Tage-Schema als Rhythmus von »Sechs plus Eins« zugrunde legte.

Dennoch will für die biblische Darstellung beachtet sein, daß hier in der Schöpfungserzählung kein Gebot ergeht, das den Menschen verpflichten würde, diesen Sabbat als Ruhetag zu halten. Es wird lediglich festgehalten, daß Gott selbst bei der

Gestaltung der Ordnung unserer Welt diesem Rhythmus der Zeit entspricht. Für Menschen ist dieser Rhythmus aber erst einmal unerkennbar, da er ja nicht unmittelbar an der Natur abzulesen ist.

Das Wunder des siebten Tages

Folgt man der biblischen Erzählung weiter, dann dauert es sehr lange bis das Volk Israel mit diesem Rhythmus der Zeit konfrontiert wird. Erst als Israel sich am Sinai als Volk Gottes konstituiert, nachdem Gott sich ihm offenbart hat, erhält es als eines der Zehn Gebote das *Sabbatgebot* (Ex 20,8-11). Doch wer die Geschichten dazwischen aufmerksam gelesen hat, bemerkt, daß Israel, als es von diesem Sabbatgebot erfährt, dieses nicht völlig unvorbereitet erhält.

Unmittelbar vor der Begegnung mit Gott am Sinai murrt das Volk und schreit zu Gott, weil es zu verhungern droht. Doch bevor der Hunger die Menschen zum totalen Aufruhr gegen Mose, der dieses Volk aus Ägypten herausgeführt hat, treibt, geschieht das Wunder. Brot fällt vom Himmel, etwas Eßbares bedeckt den Boden wie Rauhreif (Ex 16). Aber das lebensrettende Wunder hat es in sich. Es handelt sich um leichtverderbliche Ware! Immer nur einen Tag hält es, dann muß am nächsten Morgen wieder neu gesammelt werden.

Bei Gott, muß man oft von der Hand in den Mund leben, gegen alle Bedürfnisse nach Sicherheit.

Das Happy-End dieser biblischen Geschichte von Israels Auszug aus Ägypten scheint mit diesem Wunder perfekt zu sein. Doch halt! Das eigentliche Manna-Wunder kommt erst noch. Unerwartet und unerklärlich fällt alle sechs Tage einmal

Brot mit doppelt so langem Haltbarkeitsdatum, damit am siebten Tag nicht gesammelt werden muß, und doch etwas zu Essen da ist. Für uns, die wir uns auf den Rhythmus der Woche mit aller Selbstverständlichkeit eingestellt haben, klingt das ganz lapidar und völlig normal, weil wir ja auch im Einschwingen auf diesen Rhythmus unsere Wochenendeinkäufe am Samstag erledigen. Für den aber, der die Geschichte der Bibel von Anfang an gelesen hat, tritt das Besondere dieser Stelle deutlich zutage. Zum Zeitpunkt dieses Manna-Wunders weiß das Volk Israel ja noch gar nichts von diesem siebten Tag, dem Sabbat, und dem Rhythmus der Woche. Ja, es erlebt erst durch dieses eigenartige Brot, daß der siebte Tag etwas Besonderes ist. So wird Israel durch ein Wunder vorbereitet auf das Geschenk der Zeit, den Sabbat.

Ein Licht geht auf

Daß der Sabbat an die Grundordnung aller Zeit von der Schöpfung her erinnert, zeigt sich im Judentum bis heute ganz deutlich, wenn die jüdische Frau zum Sabbatbeginn die Sabbatlichter entzündet, und zwar kurz vor Sonnenuntergang am Freitagabend. Entsprechend der biblischen Formel »Und es ward Abend und es ward Morgen ...« endet nämlich jeder Tag mit dem Sonnenuntergang und der darauffolgende nächste beginnt mit dem Abend. Auf diesem Hintergrund ist es unmittelbar einsichtig, daß die jüdische Zeitrechnung ihren Anfang bei der *Erschaffung der Welt* nimmt. Die Sabbatlichter erinnern jede Woche daran, daß Gott hinter unserem ganzen Leben steht, weil er der Ursprung der Zeit ist und gleichzeitig derjenige, der durch seine Offenbarung an Israel diese Zeit den Menschen in kleine überschaubare Stücke, die Woche, teilt. Die ganze Weltzeit von der Schöpfung her zu rechnen, bedeutet aus der Erinnerung an unseren Ursprung in Gott und der Erfahrung von Gottes Zuwendung zu leben.

Gottes Zuwendung ist im Glauben der Christen in einmaliger Form konkret geworden. Er selbst ist in Jesus Christus Mensch geworden! Der Welt geht ein neues Licht auf. Jesus, das Licht der Welt, läßt erkennen, daß Gott die Menschheit retten will, daß er den Menschen ganz menschlich zugeneigt ist. Nichts anderes als solches Geneigtsein meint das altertümlich und allzu fromm klingende Wort Gnade. Durch Jesus sollen alle Menschen und Völker Anteil bekommen an der Nähe zu Gott, die Israel als erwähltem Volk Gottes schon zuteil geworden ist. Der Segensspruch, den die jüdische Frau beim Anzünden der Sabbatlichter spricht »Gelobt seist Du, Ewiger, unser Gott, König der Welt, der uns mit Seinen Geboten geheiligt und uns befohlen hat, Sabbatlichter anzuzünden« zeigt, daß diese Lichter Israels besondere Berufung hell erscheinen lassen; denn »mit Seinen Geboten geheiligt« heißt es ja.

Ebenso erinnern uns Christen die Weihnachtslichter an Jesus als das Licht der Welt, das Gottes Liebe zu allen Menschen beleuchtet.

Gott in unserer Zeit

Christen, die beginnen all' ihre Zeit von der Ankunft Christi in unsere Welt her zu rechnen, bekennen damit Jesus als Licht der Welt. So betrachtet ist das Weihnachtsfest ein neuer Anfang, nicht nur in Erinnerung an den Anfang der Schöpfung, sondern auch als Anfang im Rhythmus der Zeit. Es kommt nicht von ungefähr, daß die Christen den Zeitrhythmus der Woche übernommen haben, aber den Feiertag, den Sabbat, vom letzten auf den ersten Tag der Woche verlegten, so daß ihre Woche einen Rhythmus von »Eins plus Sechs« erhielt. Geburt Christi, Weihnachten, als Zeitgeschenk, das uns erleben läßt, daß nicht nur alles einfach im Flusse ist, sondern die große Weltzeit ebenso wie die kleine Zeitspanne eines menschlichen Lebens, ihren Rhythmus hat. Auch das neunzehnhundertsechsundneunzigste Jahr *nach Christi Geburt* erinnert daran, daß Gott, der unseren Kosmos mit der Zeit beginnen ließ (Gen 1,2), sich hinabließ und in diese Weltzeit hineinstellte. Wenn wir den ersten Tag jeder Woche als *Sabbat* heiligen und in Christi Geburt den Anfang einer neuen Zeit sehen, muß Weihnachten zur Zeitfuge werden oder zur »Insel in der Zeit«, wie ein Rabbiner den Sabbat genannt hat.

Auch wenn das neue Kirchenjahr schon begonnen hat und gerade weil unser weltliches Jahr erst einige Tage nach Weihnachten wechselt, können wir das Weihnachtsfest als Feier der Zeit erleben, die Gott uns gibt. Keine Zeit, um sie totzuschlagen oder mit immer neuen Aktivitäten zu verbrauchen, sondern Zeit, die uns bleibt, um uns die Zeit Gottes von der Schöpfung bis zur Vollendung zu verinnerlichen.

Die Erinnerung der christlichen Zeitrechnung *nach Christi Geburt* lenkt unseren Blick zum Anfang, der Erschaffung der Welt, und damit zu unserem Ursprung. Und ist dieser Ursprung denn nicht auch Hinweis auf unser Ziel?

Wie oft schreiben wir im Laufe eines Jahres Jahreszahlen – schon ohne den Zusatz *nach Christi Geburt* – ohne auch nur ein einziges Mal daran zu denken, daß jedes so formulierte Datum uns an Gottes Geschichte mit uns Menschen erinnern soll? Geburt Christi als Ausgangspunkt für Zeitrechnung läßt ja gerade nicht vergessen, daß es auch schon eine Zeit *vor Christi Geburt* gibt und nicht nur eine *nach Christi Geburt*. Das Besondere wird vielleicht spürbar, wenn man die Differenz zwischen jüdischer und christlicher Zeitrechnung einmal so bewußt macht, daß man hervorhebt, daß der Jude Jesus im Jahre 3760 – jüdischer Zeitrechnung – geboren worden sei. Nicht alles beginnt neu, Zeit geht einfach weiter, aber Gottes Gnade, seine Zuneigung, wird für uns Menschen neu greifbar. Weihnachtliche Menschen sind Menschen, die immer wieder neu anfangen, weil sie wissen, daß da jemand ist, der mit und für sie schon einmal angefangen hat, bei der Schöpfung wie bei der Geburt Jesu.

Wenn Gott mit uns etwas *anfangen* kann, weil wir mit seiner Zeit nicht nur zu rechnen anfangen, dann kann wirklich *eine neue Zeit beginnen*!

Damit sich erfüllt

Ein Mann wacht morgens auf, und es beginnt der schon erlebte Vortag ..., und dies wiederholt sich immer, so als hätte die Zeit sich festgefahren und käme über diesen einen Tag nicht hinweg. Ein Film, eine Komödie läßt uns unerträgliche Gedanken verkraften: die ewige Wiederkehr! Worüber wir uns im Film (»Und täglich grüßt das Murmeltier«) amüsieren, ist etwas, das uns eigentlich zutiefst berührt. Der Zeit, die ganz einfach abzulaufen scheint, möchten wir etwas entgegensetzen, um dem ewig Gleichen zu entgehen. All unsere Hoffnungen und Erwartungen, die großen und die kleinen, zielen letztendlich darauf ab, daß im Lauf der wiederkehrenden Zeit Veränderung geschieht. Wir leben doch geradezu davon, daß der wiederkehrende Zeitlauf für und mit uns immer anders und neu gefüllt wird.

Und genau an diesen Lebensnerv rührt ein Wort aus dem Propheten Jeremia, das in besonderer Weise zur Aufmerksamkeit für die kommende Zeit aufruft: »*Seht, Tage kommen, Spruch des HERRN*« (Jer 33,14). Bei der sich ganz von selbst daraus ergebenden Frage, was das Besondere dieser Tage, die der Prophet ankündigt, sein wird, womit eben diese Zeit gefüllt werden wird, verweist der Text ganz einfach auf ein früheres Heilswort, das Gott zu Israel gesprochen hat: »*Da erfülle ich das Heilswort, das ich über das Haus Israel und über das Haus Juda gesprochen habe*« Jer 33,14). Als Leser des Jeremia-Buches ist nicht schwer herauszufinden, worauf sich das Prophetenwort hier bezieht, denn kurz vor dem so eingeleiteten Abschnitt findet sich im Jeremia-Buch ein großes Textstück, das man gerne das Trostbuch nennt, weil es von Veränderungen spricht, die Gott dem ewig Gleichen für Israel entgegensetzt. Mehrere Strophen dieses Trostbuches beginnen mit der genannten Einleitung »Seht, Tage kommen, Spruch des HERRN« (Jer 30,3; 31,27.31). Die Veränderung, die Gott seinem Volk, das im babylonischen Exil lebt, ankündigt, wenn er davon spricht, daß er das Geschick seines Volkes wenden will, besteht aber nicht im absolut Neuen, im niemals Dagewesenen, sondern im Wirksam-Werden dessen, was Gott immer schon zugesagt hat, seit Abrahams Zeiten: im Gelobten Land zu leben, ein großes Volk zu werden und mit Gott verbunden zu sein. Weil Gott die Schuld verzeiht und an die Sünde nicht mehr denkt, kann das Trostbuch einen neuen Bund Gottes mit Israel ankündigen. Auch dieser Bund selbst ist nicht neu und ist kein anderer als der bisherige, aber Gott gibt ihn auf andere Weise, damit die Menschen ihn nicht mehr brechen können. Er gibt ihn in einer neuen Unmittelbarkeit, er will seine Tora, die Weisung, in sie hineinlegen und auf ihr Herz schreiben (Jer 31,31-34).

Verheißung und Bund

Nicht, daß Gott immer wieder andere und neue Bünde schließen würde, mal mit Noah, mal mit Abraham, mal mit Mose ... Nein, Gott ist treu, aber er ist bereit, seinen Bund den Menschen und ihren Möglichkeiten anzupassen, nur deshalb gestaltet er seine eine und einzige und immer fortbestehende Verbindung neu und anders. Genau an diese Treue erinnert das Jeremia-Buch in eindringlicher Weise. Liest man nach dem eben zitierten Aufruf »Seht, Tage werden kommen« weiter, dann hört man, wie fest Gott zu seinem Bund steht. Dort wählt der

Text gerade die Zeit in ihrer unveränderlichen Beständigkeit zum Bild für diese Treue Gottes. »*Wenn man meinen Bund mit dem Tag und meinen Bund mit der Nacht brechen könnte, so daß Tag und Nacht nicht mehr aufeinander folgen würden, dann könnte auch mein Bund mit meinem Knecht David gebrochen werden*« (Jer 33,20f.). Wo ist aber Gott einen Bund mit dem Tag und einen Bund mit der Nacht eingegangen? Die Frage, die man sich bei der seltsam anmutenden Formulierung stellt, wird durch einen Verweis zum allerersten Bund, der in der Bibel erwähnt wird, beantwortet. Es ist der Bund, den Gott mit Noah schließt nach der Sintflut. Als Zeichen seines ewigen Bundes stellt Gott seinen Bogen in die Wolken, nachdem er versprochen hat, daß Tag und Nacht nicht mehr aufhören sollen. So fest und unumstößlich wie die Zeit, vor der es ja auch kein Entrinnen gibt, sind Gottes Verheißungen!

Gerade vom eben genannten Gedanken des Jeremia-Buches her, der Vorstellung des Neuen Bundes, haben wir Christen allzu oft das Mißverständnis hervorgebracht, daß Gottes Zuspruch zum Menschen dem Veränderlichen, das den Gleichlauf der Zeit ausfüllt, unterworfen sei. Gott habe eben mal einen Bund mit Israel geschlossen, dann aber einen neuen und anderen mit uns Christen ... Gott habe durch seine Propheten etwas verkündigt, das sich dann aber eben in Jesus erfüllt habe. Und gerade in der Advents- und Weihnachtszeit denken wir allzu oft und allzu schnell in diesen Kategorien unserer Menschenzeit, daß Gottes Verheißungen eben auch einmal zu einem Ende, zu einer Erfüllung, wie wir sagen, kommen müssen. Wenn wir Christen davon reden, was sich in Jesus erfüllt hat, von dem, was im Alten Testament verheißen ist, dann klingt das oft ein wenig wie der Wetterbericht vom Vortag. Das, was angesagt wurde, ist eingetroffen oder auch nicht, aber in jedem Fall hat sich die Ansage erledigt, sie ist überholt, sie hat sich erfüllt oder nicht erfüllt.

Daß das biblische Verständnis von Erfüllung und eben auch von Verheißung ein ganz anderes ist, zeigt der schon zitierte Jeremia-Text, der im Wortlaut der Einheitsübersetzung davon spricht, daß Gott das über Israel und Juda gesprochene Wort »erfülle«. Für das, was mit »erfüllen« hier übersetzt ist, steht im hebräischen Grundtext aber das Verb »aufstellen, aufrichten«, und einige jüdische Übersetzer übersetzen hier bewußt - wohl wegen des christlichen Mißverständnisses – sehr wörtlich, so z. B. Martin Buber: »Erstehen lasse ich dann jene gute Rede, die ich geredet habe«, oder Leopold Zunz: »Und ich werde aufrechthalten die gute Verheißung, die ich zugesagt«.

Verheißungen sind also nicht erledigt, wenn sie sich erfüllen, sondern sie bewahrheiten sich als Verheißungen, werden *aufrechterhalten* als Verheißungen, ja, sie treten hervor, stehen auf und können so in ihrem *Stellenwert* erkannt werden.

Wir Christen glauben doch auch nicht, daß die Verheißung des Messias aus der Bibel Israels und das Warten auf den Erlöser sich in Jesus von Nazareth und seiner Geburt, der wir an Weihnachten gedenken, in der Weise erfüllt hat, daß all die messianische Hoffnung der Bibel erledigt sei und unsere Erlösung vollendet.

Notwendiger Rückblick

Gerade unter diesem Gesichtspunkt ist es lohnend und hilfreich, sich die oft als »Erfüllungszitate« bezeichneten Verweise auf die Bibel Israels im Neuen Testament genauer anzuschauen. Die fünf explizitien Rückverweise, die die »Weihnachtsgeschichte«

des Matthäusevangeliums enthält, deuten uns den Weg, wie im frühen Christentum die Verbindung zwischen der Christusverkündigung und der Bibel Israels verstanden wurde.

Beim ersten Zitat im Neuen Testament begegnet schon das Stichwort der *Erfüllung*: »All dies ist geschehen, damit sich erfüllt, was der HERR gesprochen hat durch den Propheten: *Seht, die Jungfrau wird ein Kind empfangen und einen Sohn gebären, und man wird ihm den Namen Immanuel geben,* d.h. übersetzt: Gott mit uns« (Mt 1,22-23).

Daß Erfüllung aber gerade nichts damit zu tun hat, daß das Angesagte nun erledigt, weil eingetroffen, sei, zeigt sich hier eindeutig sowohl durch die Wortwahl, als auch durch die inhaltliche Einbindung des Zitats. Das von Matthäus gewählte griechische Wort für »erfüllen« *(pleroo)* enthält nicht die Bedeutungsaspekte von »erledigen« u.ä., sondern meint »zur Geltung bringen« oder »verwirklichen«. Die Einbindung des Zitates bei Matthäus unterstreicht dies; denn durch das Zitat greift Matthäus auf das spannungsvolle Verhältnis von Gericht und Heil in der Geschichte vom Unglauben des Königs Ahas in Jes 7 zurück. Wer durch das Zitat Jes 7,14 angeregt die Geschichte in Jes 7 liest und in den Zusammenhang von Mt 1 *einspielt,* dem wird zuerst einmal der Deutevers der Jesajaperikope zur existentialen Frage im Blick auf die Christusverkündigung des Matthäus: »Glaubt ihr nicht, bleibt ihr nicht« (Jes 7,9). Das eigentliche Zitat aus Jes 7,14 gebraucht der Evangelist aber dann, um einen großen Spannungsbogen über sein ganzes Evangelium zu stellen. Dieser Spannungsbogen entsteht durch die Namensdifferenz zwischen Jesus und Immanuel, die gleich zu Beginn deutlich macht, daß Erfüllung eben nichts mit dem Aufgehen einer mathematischen Gleichung zu tun hat. Die Verheißung des Jesaja-Buches, daß man ihm den Namen Immanuel geben wird, erfüllt sich gerade im engen Sinne des Wortes nicht, erst im letzten Satz des Matthäusevangeliums wird der große Spannungsbogen aufgelöst, wenn der Auferstandene dort – mit dem gleichen Aufruf »Seht« wie Jes 7,14 – seinen Jüngern sagt: »Ich bin bei euch« (Mt 28,20) und damit das »Gott mit uns« (Mt 1,23) des Immanuel erklärt, so daß auch die ausdrückliche Übersetzung des Immanuel-Namen in Mt 1,23 verständlich wird. In der Perspektive des Matthäus *erfüllt* sich die Immanuel-Verheißung also nicht in der Geburt Jesu, sondern in ihr kommt sie zur Geltung und bewahrheitet sich im Fortbestand als Verheißung über Tod und Auferstehung Jesu hinaus.

Das zweite Zitat, das Matthäus aus der Bibel Israels folgen läßt, ist erzählerisch höchst kunstvoll in die Geschichte eingebettet, denn in Mt 2,5f. läßt Matthäus die Schriftgelehrten auf die Frage des Herodes nach dem Geburtsort des Messias aus der Schrift zitieren: »Sie sagten ihm: In Bethlehem, das in Judäa liegt, denn so ist geschrieben worden durch den Propheten, *du aber, Bethlehem ...*« (Mt 2,5f.). Wenn nun gerade hier, wo es so gut im Sinne eines »Schriftbeweises« zu passen scheint, Matthäus gerade nicht vom *erfüllen* der Schrift spricht, wie wir es leichtfertig und oberflächlich bei allen Schriftzitaten schnell voraussetzen, sollte uns das doch nachdenklich machen.

Daß Angekündigtes in Kraft gesetzt wird, macht das dritte Zitat bei Matthäus ganz deutlich. Liest man nämlich die kleine Episode von der Flucht nach Ägypten (Mt 2,13-15) ganz unbefangen, so hat man den Eindruck, das die eigentümliche Reise nur berichtet wird, um das abschließende Zitat aus Hos 11 »Aus Ägypten habe ich meinen Sohn gerufen« einzubringen. Mit dem Zitat wird das großartige Gedicht von der Treue und Liebe Gottes gegenüber Israel aus Hos 11 »eingespielt«. Die damit gegebene Erinnerung an den Exodus aus Ägypten als Zeichen der Liebe Gottes gebraucht Matthäus gerade, um am Anfang seines Evangeliums deutlich zu machen, daß sich in diesem Jesus der Israel liebende Befreiergott des Exodus zu Wort meldet. Wenn Matthäus hier von der Erfüllung des Prophetenwortes spricht, dann kann das nur verstanden werden als Bewahrheitung der Gotteserfahrung vom Exodus her.

Beim nun folgenden vierten Zitat benutzt Matthäus nicht die finale Form »Damit sich erfüllt ...«, sondern die Feststellung »Damals erfüllte sich ...«. Matthäus will also nicht den Kindermord unter die Rubrik »Verheißung und Erfüllung« stellen, sondern mit dem Zitat seinen Hörern und Lesern eine Hilfe geben, die Jesus-Geschichte als Ganze zu verstehen. Das Zitat vom Weinen und Klagen Rahels in Rama stammt aus dem Jeremia-Buch, näherhin aus Jer 31,15, dem schon erwähnten Trostbuch. An dieses Trostbuch des Jeremia wird am Ende des Evangeliums wieder erinnert, wenn Jesus beim Becherwort des Abendmahls vom Blut des Bundes spricht, das für viele vergossen wird zur Vergebung der Sünden (Mt 26,28; vgl. Jer 31,31.34). Indem Matthäus so den Tod der vielen wegen des einen dem Tod des einen für die vielen gegenüberstellt, deutet er die Dramatik des Christusgeschehens von der Bibel Israels her.

Das letzte der fünf Zitate führt schließlich dahin, wo auch die anderen ihren Grund haben, nämlich zur allgemeinen Schriftautorität im frühen Christentum. Den Hinweis darauf, daß Josef sich einem im Traum erhaltenen Befehl folgend, mit seiner Familie in Nazareth niederläßt, verbindet Matthäus mit einem »Erfüllungshinweis« darauf, daß »die Propheten« gesagt hätten, daß er »Nazoräer« genannt werden wird (Mt 2,23). Nun findet sich ein solcher Hinweis weder bei einem der Propheten der Bibel Israels noch in einem anderen alttestamentlichen

Buch, so daß man oft versucht hat, auf ähnlich lautende hebräische Worte zurückzugreifen, doch hilft es eigentlich nicht weiter, weil die Verbindung zum Ort Nazareth von der Perikope Mt 2,19-23 her konstitutiv ist und die Bezeichnung Nazoräer für die Christen darüber hinaus bekannt war. Hier liegt ein Schriftbezug vor, der nicht auf einer eindeutigen Schriftstelle basiert. Solches findet sich auch in einem der ältesten christlichen Bekenntnisse, das Paulus in 1 Kor 15,4 überliefert und zitiert: »... er ist begraben worden und auferweckt am dritten Tag – gemäß der Schrift«. Keine Bibelstelle spricht aber von der Auferweckung am dritten Tage. In solchen Schriftbezügen kommt die »Glaubensüberzeugung von der Gottgewolltheit« (F. Mußner) des Geschehens zum Ausdruck. Durch den Rückgriff auf die Bibel – »die Propheten« kann im frühen Christentum durchaus als Begriff für die ganze Schrift verwendet werden (vgl. Hebr 1,1) – wird die Übereinstimmung des Berichteten mit der Offenbarung Gottes betont. Das ist für Matthäus zum Abschluß der Kindheitsgeschichte von nicht zu unterschätzender Bedeutung, so daß der marginal wirkende Satz doch eher wie eine Zusammenfassung christlicher Überzeugung im Blick auf die Bibel Israels wirkt und seine Bedeutung in der weiteren Erzählung des Evangeliums entfalten kann.

Unser ganz alltägliches Christentum – im Lauf der Zeit – könnte doch in ganz neue Räume vorstoßen, wenn wir uns auf diese »Erfüllung«, die Matthäus uns so nachhaltig, schon am Anfang seines Evangeliums vor Augen stellt, einlassen würden.

Erfüllt ist unsere Zeit seit Jesu Geburt mit Gottes Verheißungen, die unser Altes Testament, die Bibel Israels, in so reichem Maße enthält.

Mitten unter uns

Als man im vergangenen Jahrhundert in einer kleinen rheinischen Kirche die Reste mittelalterlicher Ausmalung entdeckte, bei denen es sich um Darstellungen aus dem Buch Ezechiel handelte, kam es zu einer kleinen Eigentümlichkeit. Neben dem Bild eines Stadttores, in dem sich eine Christusdarstellung findet, hat der Restaurator aus den wenigen Linien, die noch zu erkennen waren, eine Mariendarstellung rekonstruieren wollen. Den Anlaß dazu haben ihm zwei Worte gegeben, die klein unterhalb des Bildrandes stehen: MARIA SACRA. Aus dem Zusammenhang der dargestellten Ezechielbilder wird die Verbindung zwischen diesem Bild und Maria auch ohne ein direktes Marienbild schnell verständlich, denn die dargestellte Szene bezieht sich auf das sogenannte verschlossene Osttor des neuen Jerusalems aus Ez 44. Dies wiederum ist eingebunden in die großen Visionszyklen des Ezechielbuches.

Er verläßt und kehrt zurück

In der Berufungsvision am Anfang des Buches (Ez 1-3) sieht der Prophet, daß die Herrlichkeit des HERRN beweglich und nicht an den Ort des Tempels, das Allerheiligste, gebunden ist. Den Sinn dieser eigentümlichen Vision erkennt er dann aber erst später, als ihm in einer weiteren Schau (Ez 8-11) die Sünden und Greueltaten Jerusalems gezeigt werden und er zu sehen bekommt, wie die Herrlichkeit des HERRN den Tempel und die

Stadt vor dem kommenden Vernichtungsgericht verläßt. Später dann bekommt der Prophet Ezechiel im wahrsten Sinn des Wortes einen Einblick in das neue Jerusalem (Ez 40-48). In einer weiteren großartigen Vision wird ihm auch das äußerste Osttor des Heiligtums gezeigt, das verschlossen war und bleiben sollte, weil durch dieses Tor Gott selbst, der die Stadt zuvor verlassen hatte, wieder zurückgekehrt ist. Die Visionen des Ezechiel leben von der Konkretion. Millimetergenau wird alles beschrieben, was der Prophet zu sehen bekommt von diesem neuen – oft himmlisch genannten – Jerusalem. Sinn dieser fast ermüdenden Detailbeschreibung ist es zu zeigen, daß der Prophet keine Privatoffenbarungen erhält oder religiöse Geheimlehren verkündet, sondern ihm in den Visionen eine Botschaft für das Gottesvolk zuteil wird, so daß er das Gesehene präzise festzuhalten hat, um es weiterzugeben.

Verschlossenes Tor

Doch all das, was er von diesem neuen Jerusalem sieht, endet noch nicht damit, daß er diese Stadt in all ihren Einzelheiten wahrnimmt und beschreibt. Die Stadt bleibt eben keine tote Geisterstadt, nein, sie füllt sich mit Leben. Und dieses Leben kommt zuerst dadurch, daß Gott selbst, der Ursprung allen Lebens, in seine Stadt einzieht. Auf diesen Kerngedanken soll das erwähnte verschlossene Osttor hinweisen. Ein verschlossenes Tor hat seine ursprüngliche und eigentliche Funktion eingebüßt, es bietet keinen Durchgang mehr. Der übrigen Mauer fast gleichgeworden stellt es dennoch, gerade als verschlossenes Tor, den Betrachter vor Fragen. Warum ist es verschlossen? Schließt jemand sich ein, weil er Schutz sucht? Sollen andere ausgeschlossen werden von dem, was hinter den Mauern geschieht? Oder ist das Hin und Her der Ein- und Ausgehenden an dieser Stelle unerwünscht? Die Antwort auf diese Fragen, die sich angesichts des verschlossenen Tores stellen, gibt das Ezechielbuch selbst klar und präzise: »Es darf nicht geöffnet werden, denn keiner soll hindurchkommen, weil der HERR, der Gott Israels, dort hineingekommen ist, so wird es verschlossen bleiben« (Ez 44,2). Das Feste und Unveränderbare des so verschlossenen Tores soll also an etwas äußerst Lebendiges und Dynamisches erinnern. Gott hat diese Stadt in Besitz genommen, hat sie zum Ort seiner Anwesenheit gemacht. Das verschlossene Tor weist wie ein Hinweisschild auf diese Besonderheit des Ortes hin. Der letzte Satz des Ezechielbuches formuliert diesen Gedanken dann schließlich aus, wenn es dort heißt, daß der Name dieser neuen Stadt von jetzt an heißen soll »Hier ist der HERR« (Ez 48,35). Das ist das Programm des neuen Jerusalems, es gibt nicht mehr irgendwo eine heilige Stätte, sondern Gott selbst erfüllt die ganze Stadt, heiligt sie bis in die letzten Winkel hinein, indem er in ihr ist. Es steckt etwas Gewaltiges in diesem Gedanken, den unfaßbaren und allmächtigen Gott so sehr mit dem für uns Menschen Eigenen und Unabweisbaren in Verbindung zu bringen, mit der Begrenztheit eines Raumes.

Gott in Welt

Das neue Jerusalem des Ezechiel, die Stadt »Hier ist der HERR«, enthält die Provokation, daß Gott selbst sich hinabläßt ins Menschliche, in Raum und Zeit, um dort alles von seiner Heiligkeit erfüllen zu lassen. Und nicht nur Künstler aller Zeiten haben sich von diesen Texten inspirieren lassen, sondern auch

Mystiker und Visionäre der unterschiedlichsten Art. Und wen wundert es wohl, daß schon die Kirchenväter bei diesem Gedanken von *Gott in Welt* an die Inkarnation, die Menschwerdung Gottes in Jesus Christus, dachten.

In diesem Horizont findet sich schon früh im Christentum, zuerst bei Ambrosius von Mailand im 4. Jahrhundert, die marianische Auslegung dieser Ezechielstelle vom verschlossenen Tor. Man deutet dabei dieses verschlossene Tor, durch das Gott selbst hindurchgeschritten sei, als Hinweis auf die Jungfräulichkeit Mariens. Stehen wir da also nicht vor einem Weihnachtsbild mitten im Ezechielbuch? In gewisser Weise schon, vor allen Dingen dann, wenn wir diese Deutung des verschlossenen Tores für uns als Tor zur Tiefe dieser Gedanken des Propheten Ezechiel aufstoßen. Dies kann auch nur Sinn der marianischen Deutung sein, denn einer allzu simplen Übertragung auf den Gedanken der Jungfräulichkeit widersetzt sich das Bild selbst: Das genannte Osttor der Ezechielvision ist offen bis die Herrlichkeit des HERRN hindurchzieht (Ez 43), dann erst wird es verschlossen! Die marianische Deutung der Stelle gibt also nur den Anstoß, um das Großartige der Ezechielverkündigung im neuen Jerusalem als Frage nach der Anwesenheit Gottes in unserer Welt wahrzunehmen. Daran hat wohl auch der mittelalterliche Künstler des eingangs erwähnten Ezechielzyklus gedacht, als er durch die zwei Worte MARIA SACRA beim letzten Bild seiner Reihe, das dem verschlossenen Tor gewidmet ist, den Hinweis auf diese christliche Deutung gegeben hat. Interessant ist allerdings dabei, daß er diese Deutung nicht in das Bild selbst eingetragen hat – z.B. durch eine Mariendarstellung –, sondern sie geradezu am Rande durch eine Beischrift zum Bild erwähnt.

Fließende Heiligkeit

Ist man erst einmal durch das Bild und die frühchristliche Interpretation des verschlossenen Tores aus der Ezechielvision auf *Weihnachtsgedanken* in diesem Prophetenbuch des Alten Testamentes gestoßen, das insgesamt in der kirchlich-liturgischen Tradition eine äußerst geringe Rolle spielt und darüber hinaus kaum mit der christlichen Interpretation messianischer Verheißungen in Verbindung gebracht wird, dann entdeckt man bald den großen Reichtum dieses Buches, der allerdings wie der Schatz im Acker nicht an der Oberfläche herumliegt, sondern aus der Tiefe gehoben werden will. Mitten in die geradezu architektonischen Beschreibungen dieser neuen Stadt und anknüpfend an die Verheißung der Rückkehr des HERRN findet sich bei Ezechiel ein wunderbares Bild, voller Bewegung und Leben, das die betrachteten Gedanken noch zu vertiefen vermag.

»*Und dann brachte er mich zurück zum Eingang des Hauses, und siehe, da kam Wasser unterhalb der Schwelle hervor, die nach Osten geht, denn die Vorderseite des Hauses lag nach Osten. Das Wasser floß unterhalb der rechten Seitenwand des Hauses hinab, südlich vom Altar. Und dann führte er mich durch das Nordtor hinaus und ließ mich außen herum zum äußeren Tor gehen, wo der Weg nach Osten geht und siehe, da rieselte Wasser von der rechten Wand herab. Und als der Mann ostwärts hinausging, eine Meßschnur in seiner Hand, da maß er tausend Ellen ab und ließ mich durch das Wasser hindurchgehen. Bis an die Knie ging das Wasser. Und dann maß er wieder tausend Ellen und ließ mich hindurchgehen. Bis an die Hüften ging das Wasser. Und er maß wieder tausend Ellen. Es war ein Fluß geworden, den ich nicht durchschreiten konnte, denn es war zu tief, es war Wasser zum*

Schwimmen, ein Fluß, der nicht mehr durchschritten werden konnte. Und dann sagte er zu mir: Hast du es gesehen, Menschensohn? Und er ließ mich zurückgehen zum Ufer des Flusses. Während ich zurückging, siehe da standen am Ufer des Flusses sehr viele Bäume, auf beiden Seiten. Und er sagte zu mir, dies Wasser fließt in die östliche Gegend, und es gelangt hinab in den Jordangraben, und es kommt in das Meer, das Salzmeer, dessen Wasser gesund werden wird. Und es wird geschehen, daß alle Lebewesen, die sich dort tummeln, wo der Fluß hinkommt, leben werden. Und es wird sehr viele Fische geben. Wenn dieses Wasser dort hinkommen wird, dann werden sie gesund, und leben, überall wohin dieser Fluß gelangt. Und es wird geschehen, daß Fischer an ihm stehen werden von En-Gedi bis En-Eglajim, hier wird man Netze ausbreiten. Alle Fischarten wird es hier geben, wie die Fische im großen Meer. Seine Sümpfe und seine Lachen sollen aber nicht gesund werden, sie sind für die Salzgewinnung bestimmt. An dem Fluß aber werden an seinen beiden Ufern alle Arten von Fruchtbäumen wachsen, deren Blätter aber nicht welken werden und deren Früchte nicht ausgehen werden; Monat für Monat werden sie neue Früchte tragen, denn ihr Wasser kommt direkt vom Heiligtum. Ihre Früchte werden als Nahrung und ihre Blätter als Arznei dienen« (Ez 47,1-12).

Es ist ein sprechendes Bild, das anspricht, wenn man sich sehend auf es einläßt. Die dem Propheten gestellte Frage »Hast du es gesehen, Menschensohn?« (Ez 47,6), gilt ebenso den Hörern und Lesern, also uns. Wasser tritt aus dem Innersten des Tempels hervor und ergießt sich ins Land. Ein Heiligtum hütet sein Heiliges nicht mehr, sondern entläßt es als heilendes Wasser in die Welt. Dort bringt es Wachstum und Fülle und mehr noch, es fließt bis an den letzten krankhaften, todgeweihten Ort und belebt ihn neu.

Totes Wasser wird lebendig

Man muß das sogenannte Tote Meer unweit von Jerusalem in der Jordansenke schon kennen und erlebt haben, um dieses Bild in seiner Lebendigkeit erfassen zu können. Gerade in den trockenen Wüstenregionen des Orients ist Wasser das Symbol des Lebens schlechthin. Doch Wasser, das wegen seines hohen Salzgehaltes kein Leben mehr zuläßt, lebensabweisend, ja tot ist, läßt erschaudern. Mehr noch: dieses Wasser des Toten Meeres scheint sogar das gute, lebendige Wasser zu vernichten, denn Tag für Tag bringen der Jordan oder z.B. auch die Quellen in En-Gedi Süßwasser in dieses Meer, das dort nur verdunstet und Salzkrusten am Ufer hinterläßt. In Ezechiels Vision wird diese Erfahrung aufgenommen und geradezu auf den Kopf gestellt. Das Wasser aus dem Tempel ergießt sich ins Land, wird zum reißenden Strom, bringt Fruchtbarkeit und Leben, und selbst im Toten Meer geht seine Lebenskraft nicht unter, sondern dieses Wasser läßt sogar das Tote Meer im wahrsten Sinne des Wortes zum Leben umkippen. Stärker läßt sich die Kraft lebendigen Wassers wohl kaum beschreiben.

Aber diese heilende und lebenspendende Wirkung ist nur eine Seite in Ezechiels Bild. Kein wasserreicher Fluß, keine übersprudelnde Quelle bricht aus dem Tempel hervor, das Wasser rieselt nur von der Tempelwand langsam herunter. Außerhalb des Tempels wird dieses Rinnsal aber zum immer größer werdenden Strom. Der Prophet muß dieses Anwachsen des Wassers am eigenen Leib mehrfach erleben. Das Wasser aus dem Tempel hat es in sich! Schnell wird das unscheinbare Rinnsal des Tempels zum kraftvollen Strom. Was so klein anfing – aber eben dort, wo Gott am nächsten ist –, das wird immer größer und stärker und belebt, je weiter es sich ins Land hinein begibt, alles, was es erreicht, weil die Verbindung bestehen bleibt zu der so unscheinbaren und doch nicht unbedeutenden Quelle im Innersten des Heiligtums.

Unser Glauben, Hoffen und Lieben – oder nennen wir es altertümlich auch einfach Heiligkeit – stellt doch oft auch nur ein kleines Rinnsal dar, wenn die Kirchenmauern hinter uns liegen ..., doch so lange es mit der Quelle verbunden bleibt, schlummert in dem noch so Unscheinbaren eine gewaltige Kraft. Ja, neues Leben keimt in ihm. Ezechiel bringt diese schlummernde Kraft am Ende seiner Bildbeschreibung noch einmal besonders stark zum Ausdruck. Bäume, deren Blätter nicht welken und die Monat für Monat neue Früchte hervorbringen, läßt dieses Wasser an seinen Ufern wachsen. Dieses Bild vom Baum begegnet ebenso in Ps 1 oder auch in Jer 17,8, dort allerdings als Bild für den Menschen, der sein ganzes Vertrauen auf Gott setzt, seine Freude an der Tora hat und sie Tag und Nacht meditiert (Ps 1,2); ja, dieser Mensch ist wie so ein Baum.

An ihren Früchten werdet ihr sie erkennen

Solche Bäume sind also das deutlichste Zeichen der Gottverbundenheit. Ezechiel treibt dieses Bild geradezu auf die Spitze. Das Heilige des Heiligtums kommt in die Welt. Eine unaufhaltsame Kraft des Lebens, die alles erreicht und erfüllt. Diese Kraft Gottes kommt an – überall, nichts kann sich ihr entgegenstellen, nicht einmal das lebenversagende Tote Meer.

Der Text bietet zwei wichtige Anknüpfungspunkte dafür, daß dieses Bild nicht nur alleine und isoliert betrachtet werden will, sondern in den größeren Kontext der Ezechielvision vom neuen Jerusalem hineingehört.

Zum einen ist da der Begleiter des Propheten, der mit seiner Meßschnur dreimal die je tausend Ellen abmißt, um dem Propheten die Kraft des Stromes vorzuführen. Derartige Meßvorgänge, die dem Propheten den Blick fürs Detail schärfen, finden sich zuvor schon vielfach bei der Betrachtung und Begehung der neuen Stadt und des Tempels. Zum anderen ist da die Frage des Begleiters »Hast du es gesehen, Menschensohn?« (Ez 47,6), die dem Propheten zuvor auch schon mehrfach gestellt wurde, um ihm die Bedeutung des Visionären, das er erlebt, vor Augen zu führen. Er, der Prophet, ist ein Mensch – der Begriff *Menschensohn* betont und unterstreicht im Hebräischen den Gedanken des Menschlichen –, der Einblick in die göttliche Welt erhält. Nachdem der Prophet fast in einer »Theologie für Architekten« die Heiligkeitskonzeptionen der neuen Stadt und des Tempels gesehen hat, wechselt das Bild, weg vom Statischen dieser Stadt hin zum Dynamischen des Göttlichen durch die Vision von der Tempelquelle. Hatte der Prophet schon gesehen, wie die Herrlichkeit des HERRN in diese Stadt gezogen war und sie ganz und gar erfüllte mit seiner Heiligkeit, dann wird ihm nun die Kraft der Gegenwart Gottes verdeutlicht. Gottes Gegenwart ist hier nicht mehr zu begrenzen, nicht mehr festzulegen auf den Ort seines Tempels. Sie tritt heraus, wird spürbar als Kraft, die allerorten Leben weckt. Das sogenannte himmlische Jerusalem der Ezechielvision ist kein ferner, weltfremder Ort, sondern es ist ein Anfang für neues Leben, für Gottes Gegenwart, die sich auf den Weg macht zu uns Menschen.

Gott mitten unter uns!

Was sehen, erleben und feiern wir denn eigentlich, wenn Weihnachten bei uns ansteht? Gegenwart Gottes in der Welt – in einem Menschen – Gott mitten unter uns?

Verändert das Fest der Geburt Christi, die Erscheinung des HERRN, bei uns etwas, so wie das Wasser der Tempelquelle, das das ganze Land belebt? Macht Weihnachten aus uns wirklich gottverbundene Menschen, die wie Bäume an Wasserbächen stehen, deren Laub nicht welkt, weil die Wurzeln bis tief zum Wasser reichen und sie reichlich Früchte bringen?

Die auf uns eigentümlich wirkende marianische Deutung des verschlossenen Tores aus der Ezechielvision kann man wohl nicht so schnell als Relikt einer überholten Schriftauslegung bei- seite schieben, denn unter der Oberfläche verbirgt sich doch ein kräftiger Anstoß für ein tieferes Verständnis des Weihnachtsfestes und des Geheimnisses der Geburt Christi, als man auf den ersten Blick ahnt.

Der im Christentum so wenig gehörte und oft vergessene Prophet Ezechiel führt uns mit offenen Augen an die Quellen unseres Glaubens. Dorthin wo Gott sich sehen läßt in einem *Menschen-Sohn.*

Yad VaSchem

»*Der du Gott der Frömmigkeit der Väter gedenkst und einen Erlöser bringst ihren Kindeskindern um deines Namens willen in Liebe.*«

Das klingt ein wenig wie ein Gebetstext aus einer Weihnachtsliturgie. So als würde man die Eröffnung des Evangeliums nach Matthäus, den sogenannten »Stammbaum Jesu«, der »das Buch der Geschichte Jesu Christi, des Sohnes Davids, des Sohnes Abrahams« (Mt 1,1) eröffnet, als Grundgedanken eines Gebetsrufes umformulieren. Doch der zitierte Vers stammt nicht aus einer Weihnachtsliturgie, sondern aus der Eröffnung der jüdischen Liturgie zum Versöhnungstag, dem Yom Kippur. Zwischen diesem höchsten jüdischen Festtag und dem christlichen Weihnachtsfest findet sich, wie der oben zitierte Vers andeutet, eine enge Verbindung.

Fest unserer Erlösung – Versöhnungstag

Im Zentrum des jüdischen Versöhnungstages steht die Vergebung, Entsühnung und Versöhnung mit Gott, wie sie in Lev 16 schon beschrieben ist. Dieser Grundgedanke findet sich auch mehrfach in den christlichen Weihnachtsliturgien, nicht nur dort, wo Weihnachten als »Fest unserer Erlösung« beschrieben wird, sondern schon im Halleluja am Heiligen Abend vor dem Evangelium heißt es: »Morgen wird ausgelöscht die Sünde der Welt, und herrschen wird über uns der Heiland der Welt.« Wie ein Text des Versöhnungstages hört sich auch das Gabengebet vom Weihnachtstag an, wenn es dort heißt, daß Gott uns Versöhnung schenken will und uns wieder mit sich verbindet, so wie die jüdische Liturgie durch die acht Bußtage, die dem Versöhnungstag vorausgehen, auch großen Wert darauf legt, daß die Versöhnung zwischen Gott und Mensch nicht getrennt werden kann von der Versöhnung der Menschen untereinander. In der Mischna heißt es dazu: »Sünden zwischen Mensch und Gott sühnt der Versöhnungstag; Sünden zwischen dem Menschen und seinem Nächsten sühnt der Versöhnungstag erst, wenn einer seinen Nächsten besänftigt hat.« Bekäme nicht auch unsere an Weihnachten in Geschenken oft so reichlich weitergegebene Weihnachtsfreude, die Ausdruck des in der Menschwerdung empfangenen Geschenkes der Erlösung sind, einen tieferen Sinn, wenn wir sie mit dem Versöhnungsgedanken, der ja auch dem Weihnachtsfest eigen ist, verbinden würden? Ein so bewußt gemachtes Weihnachtsgeschenk kann nur gegeben werden, wenn es als Ausdruck der Versöhnung mit Gott die Versöhnung und Verbindung untereinander widerspiegelt.

Erinnerung verbindet

Noch tief lassen sich die geistlichen und theologischen Bezüge zwischen Versöhnungstag und Weihnachten ausloten. Für unser Verständnis von Weihnachten ist der Blick auf die Hoffnung besonders wichtig. Der Glaube Israels, wie er in den großen Gestalten der Bibel festgehalten ist, bildet den Kern der Hoffnung auch und gerade im jüdischen Versöhnungstag, wie der eingangs zitierte Gebetstext zeigt. Erinnerung ist das Schlüsselwort zu diesem Hoffnungspotential. Zuerst wird Gott selbst an den Glauben Israels erinnert – »der du der Frömmigkeit der Väter gedenkst« – dann erinnert die Gemeinde und jeder einzelne selbst sich der Geschichte Gottes mit seinem Volk. Israel, so sagt man oft mit Recht, ist das Volk der Erinnerung. Erinnerung verbindet, Erinnerung schafft Identität, Selbstbewußtsein, ein Bewußtsein, ja ein Wissen darum, wer man ist, woher man kommt, was man ist und wozu man ist. Wer weiß, wohin er gehört, woher er kommt, weiß auch, wohin er gehen muß.

Wer nicht mehr erinnert, wer vergessen will, entwurzelt sich selbst. Wer aber vergißt, tut nicht nur sich selbst etwas an, sondern auch denjenigen, die er vergißt, die er nicht mehr erinnern will. Ein jüdisches Wort sagt dies ganz hart, aber auch klar und deutlich:

»Verweigerte Erinnerung ist Mord!«

Verweigerte Erinnerung ist Mord. Dagegen steht nur die natürlichste und beste Erinnerung eines Menschen, die im Weiterleben in seinen eigenen Kindern geschieht.

Im Laufe seiner Geschichte hat das jüdische Volk allzu oft erkennen und lernen müssen, daß diese natürlichste Art der Erinnerung eines Menschen, seines Weiterlebens, verunmöglicht wird. Gemordet, vertrieben, zerstreut. Das sind nur die äußeren Zeichen der inneren Verletzung und Gefährdung.

Nach dem babylonischen Exil erlebte die jüdische Gemeinde schon, daß nicht allen eine solch natürliche Verbindung über Eltern und Kinder als Einbindung in die Gemeinschaft des Glaubens möglich war. Da kommen Neue, die Juden werden wollen, aber keine genealogischen Wurzeln in der jüdischen Gemeinde haben, derer sie sich erinnern können. Da sind Kinderlose, die fürchten müssen, daß sie in Vergessenheit geraten, weil sich nach ihrem Tod niemand mehr ihrer erinnert. Ein Text aus dieser Zeit, der sich im dritten Teil des Jesajabuches findet, drückt deutlich aus, um welche Schwierigkeit es geht und was Gott dazu zu sagen hat:

»Nicht soll der Fremde, der am HERRN hängt, sagen: Bestimmt wird der HERR mich von meinem Volk trennen. Und auch der Eunuch soll nicht sagen: Ach, ich bin ja nur ein dürrer Baum.

Denn so spricht der HERR:

Den Eunuchen, die meine Sabbate bewahren und die zu tun wählen, woran ich Gefallen habe, und die sich ganz und gar an meinen Bund halten, ihnen werde ich in meinem Haus und in meinen Mauern ein 'Denkmal' errichten, das besser ist als Söhne und Töchter.

Einen ewigen Namen werde ich jedem geben, einen, der nicht mehr ausgelöscht werden kann« (Jes 56,3-5).

Denen also, die um ihre eigene Erinnerung bangen müssen und damit um ihre Einbindung ins Volk Gottes, denen verheißt Gott selbst ein Erinnerungszeichen, er will ihnen ein »Denkmal« errichten, wörtlich heißt es im Text, er will ihnen »Hand und Namen geben« oder wie der jüdische Religionsphilosoph Martin Buber das bekannte Yad VaSchem übersetzt »ein Handzeichen, ein Namensmal«. Die Liebe zur Tora und zu Gott wird diese Menschen in den ewigen Bund Gottes mit Israel einschreiben, dessen Gott sich selbst erinnert und dessen immer dort erinnert wird, wo Volk Gottes lebt und sich seiner Geschichte und seines Ursprungs erinnert.

Ein Gott, der befreit

Der Evangelist Matthäus, der das gesamte Neue Testament eröffnet und der mit seiner Botschaft sich gerade an solche wendet, die wie die Fremden des Jesajatextes, »am HERRN hängen«, d.h. sich

Israel angeschlossen haben, dieser Matthäus erinnert die Hörer und Leser seines Evangeliums sogleich an den Ursprung. Er beginnt sein Evangelium mit einer Genealogie. Die Väter und Mütter Israels schreibt er den Christen zur bleibenden Erinnerung in ihren Stammbaum. So bestimmt er die Identität der Christen, indem er erinnernd ihre Verbindung zum Volk Israel, dem Gottesvolk, herstellt, weil Jesus der Christus, ein Sohn Davids, des Sohnes Abrahams ist. Doch damit nicht genug. Zwei kleine Geschichten, Episoden oder auch nur Motive gebraucht er, um die Christen, die sein Evangelium hören oder lesen, gleich zu Anfang in die Erinnerungsgemeinschaft Israels hineinzunehmen.

Weil Herodes von der Geburt des Gesalbten Israels, des Messias, erfahren hatte, mußten die Eltern mit dem Neugeborenen fliehen, wurden mit ihm und seinetwegen herausgerissen, verbindungslos, schließlich heimatlos. Doch diese Flucht hat in der Geschichte des Matthäus ein Ziel, »damit das erfüllt werde, was vom HERRN durch den Propheten gesagt wurde: Aus Ägypten habe ich meinen Sohn gerufen.« (Mt 2,15)

Dieser letzte Satz, das Prophetenwort, stammt aus dem Buch Hosea und leitet dort einen der zentralen Texte des ganzen Buches ein. Das Kapitel Hos 11 spricht von Gericht und Liebe. Es stellt dar, wie konsequent und gerecht, ja notwendig Gericht auf Israels abtrünniges Verhalten folgen muß. Doch am Ende des Abschnitts kippt Gottes Zornesgericht geradezu um, und seine Liebe zu Israel gewinnt Oberhand. »Wie könnte ich dich aufgeben, Ephraim, wie dich ausliefern, Israel?« (Hos 11,8) Es ist die ungebändigte Liebe und Barmherzigkeit Gottes, die aller menschlichen Logik widerspricht, die das Gott-Sein Gottes vor Augen führt. Dieses menschlich unvorstellbare Übermaß an göttlicher Barmherzigkeit hat zahlreiche und zentrale alttestamentliche Glaubensvorstellungen geprägt und ist auch in der Verkündigung Jesu allgegenwärtig. In Hos 11 wird dieser Gedanke von der Barmherzigkeit Gottes eingeleitet durch den Rückblick auf die Anfänge der Liebesbeziehung Gottes zu Israel. »Als Israel jung war, da liebte ich ihn, aus Ägypten rief ich meinen Sohn.« (Hos 11,1) Hier wird also die Befreiungstat des Exodus sozusagen als erste Liebestat, als Zeichen des »verliebten Gottes« vorgestellt. Exoduserinnerung, die sehend machen soll für die Liebe Gottes, der von Israel nicht lassen kann. Wer in Israel von Ägypten und Exodus spricht und dies erinnert, der lebt aus der Hoffnung auf die unendliche Liebe Gottes. Auch nach den Tagen Hoseas, in den Zeiten des babylonischen Exils wurde die Erinnerung an den Exodus immer wieder wach und laut. Und auch der Evangelist Matthäus zeigt, wie lebendig in Israel diese Erinnerung und Hoffnung ist, daß Gott wiederum befreiend eingreift und die Verstreuten Israels sammelt. Für Matthäus ist dies, wie die Knospe im Frühling, bei Jesus schon von Anfang an – bei der Geburt – zu erkennen. Die kleine Geschichte von der Flucht nach Ägypten stellt das Evangelium von Anfang an unter das Vorzeichen des Hoffungspotentials der Exodustheologie.

Ein neuer Bund?

Als zweites Motiv führt Matthäus sodann die lebenden Zeitgenossen Jesu vor Augen, sozusagen seine Brüder im Volk, die Kinder von Betlehem. Sie, die den Namen Gottes und den Namen Israels weitertragen und die Erinnerung wachhalten könnten, werden dahingemordet, weil da einer ist, der nicht will, daß es eine Hoffnung im Volk Israel gibt, daß Erinnerung an Gott, den Befreier, Erlöser und König Israels, lebendig bleibt.

Kinder müssen sterben, damit sie keine Kinder mehr bekommen können, denen sie vom Warten auf den Messias Israels künden könnten. Auch Hitler wollte wie Herodes nicht nur die Juden auslöschen, sondern die Erinnerung an das, was sie der Welt künden und bezeugen.

Matthäus deutet dieses Geschehen in einer Weise, die auf den ersten Blick grausam wirkt, denn wie an vielen anderen Stellen bringt er hier ein »Erfüllungszitat«, so als sei das, was hier berichtet wird, Teil des Heilsplanes Gottes. Aber vielleicht kann ein tieferer Blick auf dieses »Zitat« auch etwas Licht auf den Sinn der sogenannten Erfüllungszitate werfen.

Mit dem Hinweis, daß sich erfüllte, was durch den Propheten Jeremia gesagt worden ist, führt Matthäus folgendes ein:

»Eine Stimme ist in Rama zu hören, Weinen und Klagen. Rahel weint um ihre Söhne, sie kann sich nicht trösten lassen wegen ihrer Söhne, denn sie sind nicht mehr!« *(Jer 31,15).*

Hier ist allzu deutlich, daß Matthäus nicht davon ausgeht, daß prophetisch vorhergesagt ist, was im Kindermord von Betlehem sich dann »erfüllte«. Vielmehr geht Matthäus davon aus, daß das Zitat seinen Lesern und Hörern als Stichwort dient, weil sie wissen, woher es stammt, und den größeren Zusammenhang dieses Zitates zum Verständnis seiner Geschichte vom Kindermord in Betlehem heranziehen, ja einspielen können.

Das Wort stammt aus dem sogenannten Trostbüchlein des Propheten Jeremia, das Trost und Hoffnung den Exilierten in der Verheißung von Israels Wiederherstellung gibt. Diese gesamte Verheißung ist in drei Abschnitte untergliedert, die immer mit dem Hinweis eingeführt werden »Seht, es werden Tage kommen – Spruch des HERRN« (Jer 30,3; 31,27.31). Dieser Einleitung folgend wird in der ersten Strophe die schon an die Väter Israels ergangene Verheißung des Landbesitzes dadurch erneuert, daß Gott spricht, er werde das Geschick Israels wenden und das Volk ins Land zurückführen. Die zweite Strophe nimmt im Bild von der großen Saat, die Gott aussät, die auch aus den Väterverheißungen bekannte Mehrungsverheißung, daß Israel ein großes Volk werden wird, auf. Der Gipfel ist schließlich in der dritten Strophe zu finden, wo der Bund Gottes mit Israel angesprochen wird und in der Verheißung eines »neuen Bundes« gipfelt. Dieser neue Bund, den Jer 31,31 verheißt, ist kein neuer im Sinne eines anderen Bundes gegenüber einem »alten«, sondern Gott gibt seinen einen und einzigen Bund Israel nur auf neue Weise. Damit Israel diesen Bund nicht mehr brechen kann, wird er in einer neuen Unmittelbarkeit gegeben. Die Tora wird ins Herz geschrieben. Wenn Gottes Weisung so im Innersten des Menschen ist, dann kann der zu tun wählen, woran Gott Gefallen hat, wie es der weiter oben zitierte Text aus Jes 56 formulierte. Grundlage all' dieser Verheißungen von Land, Nachkommenschaft und Neuem Bund ist aber das ganz am Ende Genannte: »Denn ich verzeihe ihnen die Schuld, an ihre Sünde denke ich nicht mehr« (Jer 31,34.)

Es ist für Matthäus in dieser kleinen Geschichte ganz zu Anfang seines Evangeliums also der Hinweis auf den Neuen Bund, der über das Zitat angespielt wird, wichtig. In der Erinnerung an die untröstliche Rachel, an die Leidensgeschichte des Volkes, das Gott aber trösten und befreien will, gründet seine Botschaft.

Durch die beiden Geschichten stellt Matthäus an den Anfang seines Evangeliums die ihm wichtigen Aussagen über Gott: In diesem Jesus zeigt sich der befreiende und erwählende Gott ebenso wie der verzeihende und Sünden vergebende; er ist es, der in diesem Jesus seinen Neuen Bund anbrechen läßt.

Als Jude Mensch geworden

Matthäus führt uns tief an das Verständnis des Neuen Bundes heran, wenn er den versöhnenden und verzeihenden Gott durch das Weinen Rahels erinnert.

Die Kinder von Betlehem konnten nicht fortleben, konnten ihren Namen nicht Kindern und Kindeskindern zur Erinnerung geben.

Die Kinder von Betlehem brauchen ein Erinnerungszeichen, Yad VaSchem, das Matthäus ihnen gibt, um die Christen aller Zeiten am Anfang der Frohbotschaft vom Neuen Bund an ihren Anfang und Ursprung im Volk Israel zu erinnern.

Wäre der Holocaust, die Schoa, die Katastrophe des Menschlichen schlechthin, möglich gewesen, wenn wir Christen an jedem Weihnachten daran gedacht hätten, daß Gott nicht nur Mensch wurde, sondern als Jude Mensch wurde?

Wenn wir die Weihnachtsbotschaft des Matthäus ernstgenommen hätten, in der Weise, wie sie uns Christen in Israel verwurzelt, hätten wir dann Auschwitz nicht als »Attentat auf alles, was auch Christen hätte heilig sein müssen« (J. B. Metz) erkennen und erleben müssen?

Hätte es die Schoa in unserem Land gegeben, wenn wir den Kindern von Betlehem Yad VaSchem gegeben hätten?

Gehört nicht angesichts dessen der immer wiederkehrende Gebetsruf aus der jüdischen Liturgie des Versöhnungstages auch in das »Fest unserer Erlösung« mit hinein:

»Oh Gott, verzeih uns, vergib uns, sühne uns!«

Du, Betlehem ...

Mit professioneller Routine nehmen die Kameras der internationalen Fernsehteams Jahr für Jahr den kleinen Ort südlich von Jerusalem in den Blick und senden die Bilder zwischen Hirtenfeld und Geburtsgrotte millionenfach um den Erdkreis. Es ist Weihnachten, Heilige Nacht, und durch die Kameras blickt alle Welt nach Betlehem. Einmal im Jahr wird der so kleine Ort zum Mittelpunkt der Welt. Erfüllt sich da nicht, was schon beim Propheten Micha im Alten Testament steht?

»Du aber, Betlehem-Efrata, du fällst kaum auf in Judas Gebieten, doch aus dir wird mir einer hervorgehen, der in Israel Herrscher sein wird. Sein Ursprung liegt in grauer Vorzeit, in den Tagen der Frühzeit« (Mi 5,1).

Der Spruch ist uns wohlbekannt aus dem Mund der Schriftgelehrten und Hohenpriester, die König Herodes befragt, nachdem die Weisen aus dem Morgenland bei ihm eingetroffen sind und nach dem neugeborenen König der Juden fragen (Mt 2). Es handelt sich um ein Prophetenwort, das – eben durch den Propheten – weitergegebenes Gotteswort ist. Gott selbst spricht dieses Dörflein an. In gleicher Weise tut er das, wenn beim Propheten Micha kurz zuvor Jerusalem angesprochen wird:

»Du aber, Herdenturm, Felsenhöhe der Tochter Zion, die Herrschaft der früheren Tage soll zu dir zurückkehren, ein Königtum für die Tochter Jerusalem« (Mi 4,8).

Der Kontrast kann kaum stärker sein, hier die Weltstadt, das Zentrum Israels, dort das kleine unbedeutende Dorf. Aber Gott stellt sie nicht einander gegenüber. Hier geht es weder um die Bedeutsamkeit der heiligen Stadt, noch um die Bevorzugung des Geringen. Das Gotteswort stellt vielmehr beide nebeneinander und läßt das je Eigene und Besondere beider hervortreten. Das erinnert ein wenig an den Stammvater Jakob, der am Ende seines Lebens seine Söhne zusammenruft und sie segnet indem er das Charakteristische eines jeden wie einen Schicksalsspruch über ihm ausspricht (vgl. Gen 49). Vergangenheit und Zukunft fließen in diesen Worten zusammen. Die Zukunft, auch die verheißene, ob von Jakobs Söhnen, Israels Stämmen oder auch von Jerusalem und Betlehem, ist nicht zu lösen von dem, was vorher war.

Gott verblüfft

Verheißung und Segen haben tiefe Wurzeln, die bei dem, was entsteht, nicht mehr sichtbar sind, aber lebensnotwendig bleiben. Die Tiefe von Verheißung und Segen erkennt und erfährt nur, wer ihre Wurzeln sucht. Die Wurzeln der heiligen Stadt, Jerusalems, gehen für Israel nur bis zu König David zurück. Er eroberte die Stadt, machte sie zu *seiner* Stadt, zur Stadt Davids. Anstelle der Wohnstatt, die David Gott in einem Tempel in Jerusalem bauen wollte, verheißt Gott ihm ein unvergängliches Haus, eine ewige Dynastie (2 Sam 7). Doch Davids Nachfolger auf dem Thron in Jerusalem vergessen bald schon, was David und Gott verbunden hatte. Sie gehen ihre eigenen Wege und reklamieren für sich, Söhne Davids zu sein, denen Gott seinen Beistand und ihren Bestand verheißen hat.

Aber Gottes Wege sind nicht nur unergründlich, sondern vor allen Dingen für die Menschen nicht kalkulierbar. Gott verblüfft geradezu, weil er das Unerwartete geschehen läßt, das sich dann erst als tiefste Konsequenz und nicht als launisches Hin und Her erweist. So kann er auch der auf ihren Stammbaum setzenden Jerusalemer Daviddynastie durch den Propheten Jesaja Gericht verkünden lassen:

»*Und hervorsprossen wird ein Reis aus dem abgehauenen Baumstumpf Isais, ein Schößling bricht aus seinen Wurzeln hervor.*

Ruhen wird auf ihm der Geist des HERRN, der Geist der Weisheit und der Einsicht, der Geist des Rates und der Stärke, der Geist der Erkenntnis und der Furcht des HERRN« *(Jes 11,1-2).*

Das Bild – durch christliche Weihnachtslieder versüßt und verharmlost – ist klar und deutlich und in seiner Härte kaum zu übertreffen. Abgeschlagen ist der Stammbaum der Davididen. Doch Gott bleibt seiner Verheißung trotzdem treu. Nur anders als menschlich berechenbar. Er geht dorthin zurück, wo seine Geschichte mit David begann. Bei Davids Vater Isai. Das ist die verborgene Wurzel Davids, seine Erwählung. Durch den Propheten Samuel ließ Gott den Jüngsten der Söhne Isais in Betlehem salben (1 Sam 16).

Vergessener Anfang?

Um sein Ziel mit den Menschen zu verwirklichen, kehrt Gott an den Anfang zurück. An den Ort, den wir schon lange vergessen haben, weil wir neben ihm so Großes haben entstehen lassen, Gewaltiges und Beachtliches. Dieser Ort, an den Gott zurückkehrt, um mit seinen Verheißungen ernstzumachen, das ist Betlehem! Betlehem, das ist nicht zuerst die Stadt Davids, nein, Stadt Davids, das ist Jerusalem. Betlehem ist die Stadt Isais, Davids Vaters, das ist die Stadt der Wurzel. Klein, unbeachtet, fast vergessen an der Seite von Jerusalem.

Für den Propheten Micha und viele andere Traditionen der Bibel ist Betlehem zur Chiffre geworden für die Kraft der Wurzel, mit der verbunden sein muß, wer im Glauben wachsen will. Betlehem, das ist der Ort der freien Erwählung Gottes gegen alle menschliche Berechnung und Versicherung. Betlehem, das ist aber auch nicht mehr die dörfliche Idylle der Hirten und Bauern, sondern der Ort des Messias, der Ort der Rettung. Betlehem mahnt, daß Gottes Heil nicht u-topisch, ortlos, ist, sondern fest verankert in unserer Welt: eben in Betlehem.

Betlehem – Wurzel des Glaubens

Als Geburtsort Jesu führt Betlehem uns Christen zu den Wurzeln unseres Glaubens. Betlehem macht für uns ernst mit Gottes Geschichte und Gottes Verheißungen, die sich nicht dadurch erfüllen, daß sie beendet, abgeschlossen und hinfällig werden, sondern dadurch, daß Gott sie als Verheißungen bestätigt. Dafür steht Betlehem. Und für Gottes Treue auch und gerade dann, wenn etwas ganz Neues anzufangen scheint. Da könnte das Betlehem, das bei uns an Weihnachten so oft genannt und besungen wird, doch Hinweis sein, um uns auf die Wurzeln des Christentums im Alten Testament zu besinnen. Nein, es geht nicht um die »Wurzel Jesse«, das Motiv der gradlinigen und einförmigen Verbindung von Altem und Neuem Testament, das uns die christliche Kunst in unendlich vielen Formen im Laufe der Jahrhunderte aus Davids Ursprung heraus entwickelt hat, sondern wohl eher um die Wurzel, an die Paulus uns erinnert:

»Und ist die Wurzel heilig, so auch die Zweige. Wenn aber einige Zweige herausgebrochen wurden, du aber vom wilden Ölbaum dafür eingepropft wurdest und so an der Wurzel und am

Fett des Ölbaumes Anteil bekommen hast, so triumphiere nicht über die Zweige. Denn wenn du triumphierst bedenke: Nicht du trägst die Wurzel, sondern die Wurzel trägt dich« (Röm 11,16-18).

Die messianische Hoffnung, die sich in dem Jesajatext findet, der vom neuen Reis aus der Wurzel Isais spricht, geht bis an diese Wurzeln zurück, um die Verbindung in der Tiefe aufzuzeigen.

Der Künstler Sieger Köder hat diese Verbindung gespürt und in seinem Bild »Betlehem-Efrata, aus dir wird einer hervorgehen« (Mi 5), das sich auf dem Einband dieses Buches findet, die beiden Motive des Ursprungs zusammen gesehen. Betlehem als Ort Isais (Mi 5) und den neuen Reis aus Isais Wurzeln (Jes 11).

Advent in Betlehem

Wenn wir Christen an Weihnachten von Betlehem hören, Betlehem sehen und Betlehem mit weihnachtlichen Klängen unterlegen, dann kann uns das ein wunderbarer Hinweis sein, daß wir uns auf den Weg machen müssen. Das Ziel dieses weihnachtlichen Weges führt über die Krippe hinaus; denn der Ort, an dem diese Krippe steht, weist wie ein Hinweisschild auf eine lange Geschichte zurück, deren Ursprung in längst vergangenen Tagen liegt, wie der Prophet Micha im zitierten Text betont: »Sein Ursprung liegt in grauer Vorzeit, in den Tagen der Frühzeit« (Mi 5,1).

Unser Glaube kann nur von seinem Ursprung her leben, und dieser unser Ursprung liegt in Israel, im Gottesvolk, in Betlehem ...

Wenn wir uns auf die Tiefe unseres Glaubens im Alten Testament einlassen, dann werden wir auch gestärkt, denn reiche und feste Kost findet man hier. Ist es Zufall, daß Betlehem wörtlich übersetzt soviel wie *Brothausen* heißt?

Du, Betlehem, bist so klein und hast uns doch so viel zu sagen!

Betlehem, das ist die Spur von Weihnachten im Alten Testament – oder besser: eine Spur, die uns ins Alte Testament führt, nicht nur an Weihnachten. So mag Advent Wirklichkeit werden, Ankunft in Betlehem und Ankunft bei uns selbst als Christen.

Mehr als alle Weihnachtsbilder der Fernsehkameras zeigen dies die Christen von Jerusalem, die sich Jahr für Jahr in der Heiligen Nacht zu Fuß auf den Weg machen, um in Betlehem anzukommen.

Der Spur gefolgt

Der Spur, die sich von der neutestamentlichen Weihnachtsbotschaft tief ins Alte Testament hineinzieht, und der die Betrachtungen des vorliegenden Buches nachgegangen sind, sind nicht nur einzelne Christen immer schon gefolgt, sondern die Liturgie der Kirche hat – teils mehr im Verborgenen – viele Elemente davon aufbewahrt.

Am Anfang dieses Buches wurde so schon auf den besonderen Charakter der Adventszeit hingewiesen, die nicht immer Vorbereitungszeit auf Weihnachten war, sondern das Kirchenjahr beendete, während mit dem Weihnachtsfest in Erinnerung an die Menschwerdung ein neues Jahr begann. Diesen Anfang hat die Liturgie lange Zeit über auch weiter ausgestaltet in die Weihnachtszeit hinein, um den Gläubigen die Vielfalt dieses Festes in der Feier lebendig werden zu lassen. Im weihnachtlichen Festkreis wurde, nachdem am Weihnachtsfest selbst die Menschwerdung als Ganzes ins Zentrum gestellt wurde, den besonderen Aspekten des Erlösers, Gott und Mensch, durch eigene Feste gedacht. Der Oktavtag von Weihnachten, der 1. Januar, wurde als Fest der Beschneidung des Herrn gefeiert, um dem Gedanken, daß Menschwerdung Gottes in der Konkretheit geschehen ist, daß er in sein Volk gekommen ist, Inkarnation also auch Jude-Werdung bedeutet, Ausdruck zu verleihen. Zu dieser »menschlichen Seite« trat als korrespondierendes Fest die Erscheinung des Herrn am 6. Januar, durch die die göttliche Seite dieses Neugeborenen sichtbar wird und ihre Verehrung findet. So gesehen bilden das Fest der Beschneidung und das der Erscheinung des Herrn eine wunderbare Einheit, die das Thema des Weihnachtsfestes im Blick auf die Christologie, Gott und Mensch, entfaltet. Doch diese Einheit ist empfindlich gestört worden. 1960 wurde der Name des Festes der Beschneidung des Herrn abgeschafft, und 1969 wurde das Fest sogar durch das »Hochfest der Gottesmutter Maria«, das auf den Oktavtag von Weihnachten gelegt wurde, ersetzt.

Wollte man damit die Konkretion der Menschwerdung Gottes in der Jude-Werdung des Jesus von Nazaret vergessen?

Hat man sich also an dem gestört, was Paulus in Gal 4,4 so deutlich betont: »*Als aber die Zeit erfüllt war, sandte Gott seinen Sohn, geboren von einer Frau und dem Gesetz unterstellt*«?

Man kann nur darüber spekulieren, was die Abschaffung dieses Festes bestimmt hat, denn Erklärungen wurden dazu nicht abgegeben. Aber es ist wohl doch mehr als nur der kleine Satz des Lukas, der als Evangelium zum Beschneidungsfest gehörte: »*Als acht Tage vorüber waren und das Kind beschnitten werden sollte, gab man ihm den Namen Jesus, den der Engel genannt hatte, noch ehe das Kind im Schoß seiner Mutter empfangen wurde*« (Lk 2,21), der mit und durch die Abschaffung aus dem Bewußtsein der Gläubigen verloren geht.

Wird damit nicht auch vergessen, daß unsere christlichen Wurzeln im Judentum liegen und daß das Neue Testament selbst immer wieder daran erinnert, daß das Heil der Welt bleibend mit dem Judentum zu tun hat? Wo das Johannesevangelium Jesus selbst doch betonen läßt »Das Heil ist (nicht »kommt«, wie oft übersetzt wird!) aus den Juden« (Joh 4,22). »Darf die heutige Christenheit den Satz je vergessen? Hätte ihn die Christenheit nie vergessen, wäre ein theologischer Antisemitismus mit seinen furchtbaren Folgen vielleicht nicht möglich gewesen. Sätze haben ihre Konsequenzen!«, schreibt der bedeutende Neutestamentler und Wegbereiter des jüdisch-christlichen Dialogs, Franz Mußner. Sätze haben ihre Konsequenzen, auch vergessene Sätze, auch vergessene und abgeschaffte Feste! Wenn der Papst uns in diesen Tagen, im Zusammenhang mit dem vom Vatikan veröffentlichten Dokument zur Judenvernichtung, zur Shoah, zuruft: »Erinnert euch: Jesus war Jude«, dann muß man wohl zurückfragen, ob dieses Erinnern nicht deshalb so dringend nötig geworden ist, weil das Fest, das daran in einzigartiger Weise erinnert, verdrängt worden ist. Daß die zum Christentum konvertierte Jüdin Edith Stein, über die gerade in der Kirche in diesem Jahr wieder so viel nachgedacht und gesprochen wird, als Tauftag ganz bewußt das Fest der Beschneidung Jesu gewählt hat, sollte auch mehr als nur nachdenklich in bezug auf das abgeschaffte und vergessene Fest stimmen.

Tiefe Spuren im Gebet

Im Stundengebet finden sich noch die Antiphonen des Beschneidungsfestes am Sonntag in der Weihnachtsoktav. Diese Antiphonen nehmen alttestamentliche Motive auf, die in der Tradition mit dem Weihnachtsfest verbunden worden sind (und in den vorausgegangenen Kapiteln schon zur Sprache kamen):

Erste Antiphon: »O wunderbarer Tausch! Der den Menschen erschuf, nimmt menschliches Leben an und wird aus der Jungfrau geboren. Von keinem Mann gezeugt, kommt er in die Welt und schenkt uns ein göttliches Leben.«

Zweite Antiphon: »O unsagbar tiefes Geheimnis! In der Geburt aus der Jungfrau erfüllte sich die Schrift: Wie der Tau auf Gideons Vlies kamst du herab und hast die Menschen errettet. Dich loben wir, du, unser Gott.«

Dritte Antiphon: »O Dornbusch, den Mose schaute! Brennend verbranntest du nicht. In dir erkennen wir ein Gleichnis der seligen Jungfrau, die unversehrt gebar. Gottesmutter, bitte für uns.«

Durch ihre Form mit dem Anruf »O« korrespondieren sie mit den großen O-Antiphonen, die die sieben Tage vom 17. bis zum 23. Dezember in der Liturgie bestimmen. Sie leuchten tief die alttestamentlichen Wurzeln der Weihnachtsbotschaft aus und weisen so auf die hier aufgenommene Spur hin.

17.12.: »O Weisheit, hervorgegangen aus dem Munde des Höchsten – die Welt umspannst du von einem Ende zum anderen. In Kraft und Milde ordnest du alles: o komm und offenbare uns den Weg der Weisheit und Einsicht!«

18.12.: »O Adonai, Herr und Führer des Hauses Israel, im flammenden Dornbusch bist du dem Mose erschienen und hast ihm auf dem Berg das Gesetz gegeben: o komm und befreie uns mit deinem starken Arm!«

19.12.: »O Sproß aus Isais Wurzel, gesetzt zum Zeichen für die Völker – vor dir verstummen die Herrscher der Erde, dich flehen an die Völker: o komm und errette uns, erhebe dich, säume nicht länger!«

20.12.: »O Schlüssel Davids, Zepter des Hauses Israel – du öffnest und niemand kann schließen, du schließt, und keine Macht vermag zu öffnen: o komm und öffne den Kerker der Finsternis und die Fessel des Todes!«

21.12.: »O Morgenstern, Glanz des unversehrten Lichtes, der Gerechtigkeit strahlende Sonne: o komm und erleuchte die da sitzen in Finsternis und im Schatten des Todes!«

22.12.: »O König aller Völker, ihre Erwartung und Sehnsucht; Schlußstein, der den Bau zusammenhält: o komm und errette den Menschen, den du aus Erde gebildet!«

23.12.: »O Immanuel, unser König und Lehrer, du Hoffnung und Heiland der Völker: o komm, eile und schaffe uns Hilfe, du unser Herr und unser Gott!«

Wenn durch diese Gedanken und Formulierungen der O-Antiphonen, die aus dem Alten Testament, besonders dem Buch Jesaja entstammen, die Oktav vor Weihnachten eigens hervorgehoben wird, dann nicht zuletzt, um auch schon den Blick zu lenken und den Sinn zu schärfen für den Oktavtag nach Weihnachten, der im Fest der Beschneidung des Herrn diese tiefe Verwurzelung im Alten Testament und damit die unaufgebbare Verbindung von Judentum und Christentum herausstreicht.

Wie die Magier, die dem Stern gefolgt sind, so kann man auch von der Liturgie her die Spur ins Alte Testament in der Advents- und Weihnachtszeit aufnehmen. Und dieser Spur folgend, können wir dort ankommen, wo wir herkommen, am Ursprung unseres Christseins, so daß wir wirklich adventliche Christen werden können, so wie am Anfang dieses Büchleins beschrieben, denn für uns Christen gilt:

Der Anfang liegt vor Weihnachten!

Abbildungsnachweis:
Abb. Seite 31 aus: G. Schmidt,
Die Armenbibeln des XIV. Jahrhunderts,
Graz/Köln 1959;
Abb. Seite 56 u.61/62 aus: M. Schmid,
Die Darstellung der Geburt Christi
in der bildenden Kunst, Stuttgart 1890.

Umschlagmotiv
© Sieger Köder, Bethlehem-Efrata,
aus dir wird einer hervorgehen.
Wasseralfinger Altar (Ausschnitt).

Alle Rechte vorbehalten – Printed in Germany
© Verlag Herder Freiburg im Breisgau 1996
Umschlaggestaltung:
Finken & Bumiller, Stuttgart
Druck und Bindung:
Freiburger Graphische Betriebe 1998
Hergestellt auf säurefreiem,
chlorfrei gebleichtem Papier

ISBN 3-451-26683-0